AF343486

QUESTIONS D'ENSEIGNEMENT

VERSAILLES

CERF ET FILS, IMPRIMEURS

RUE DUPLESSIS, 59

QUESTIONS D'ENSEIGNEMENT

ÉTUDES SUR LES RÉFORMES UNIVERSITAIRES

PAR

ERNEST BERSOT

ANCIEN DIRECTEUR DE L'ÉCOLE NORMALE SUPÉRIEURE

PARIS

LIBRAIRIE HACHETTE ET CIE

79, BOULEVARD SAINT-GERMAIN, 79

1880

AVERTISSEMENT

M. Bersot m'a fait l'honneur de me confier
la publication d'un choix de ses écrits. « Neuf
volumes, c'est beaucoup, m'écrivait-il en
énumérant les divers ouvrages qu'il a fait
imprimer. Voltaire, parlant de tout ce qu'il
avait fait, disait qu'on ne va pas à la postérité
avec un si lourd bagage; il y est allé avec
quatre-vingts volumes : je n'en ai que neuf, et
je ne parle pas de postérité, mais de souvenir
un peu plus long que ma vie. » Il avait, du
reste, indiqué lui-même de quelle manière
on pouvait composer les deux recueils dans
lesquels il voulait renfermer le meilleur de

son œuvre. L'un devait être formé de ses écrits sur l'enseignement, l'autre de ses principaux articles de critique *moraliste*. C'est le premier de ces volumes que je donne aujourd'hui au public.

M. Bersot n'avait pas seulement voué sa vie à l'enseignement comme à sa carrière préférée, l'instruction publique était l'objet de ses plus constantes préoccupations, et il n'a cessé jusqu'à la fin de faire entendre la voix de sa sollicitude ou de son expérience dans toutes les discussions qui concernaient le progrès des études ou la direction morale de la jeunesse. Aussi les écrits que nous réimprimons sont-ils à la fois un souvenir vivant de celui à qui nous les devons, et comme un manuel des questions relatives à l'enseignement.

Je serais bien trompé si les élèves de l'École normale n'avaient pas été particulièrement présents à l'esprit de M. Bersot lorsqu'il a laissé ses instructions pour la publication de ce volume ; c'est un legs qu'il a voulu leur faire, et dont ils sentiront le prix. Mais il n'est personne, j'en suis persuadé, qui le lise sans y admirer la connaissance des choses, le discernement des esprits, le vigoureux bon sens, le tact exquis, le besoin de mesure et d'équilibre, et ce tour enjoué, enfin, cette grâce spirituelle dont notre ami revêtait tout ce qu'il écrivait.

Je ne puis terminer ces lignes sans offrir à M. Émile Délerot, l'expression de ma reconnaissance pour le concours empressé et éclairé qu'il m'a prêté dans la publication de ce volume. M. Bersot me l'avait lui-même associé pour cette tâche : il ne pouvait mieux choisir pour lui ni pour moi.

Edmond SCHERER.

QUESTIONS D'ENSEIGNEMENT

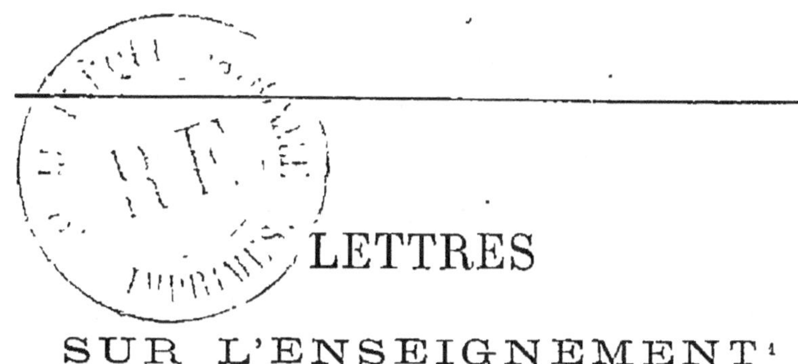

LETTRES

SUR L'ENSEIGNEMENT[1]

PREMIÈRE LETTRE

ÉTAT DES ÉTUDES

Mon cher et ancien collègue,

Je vais dire au public ce que nous nous sommes dit bien des fois. Voici ce que vous demandiez : quelqu'un qui parlât franchement sur l'enseigne-

---

[1] Ces lettres, publiées pour la première fois en 1857, avaient été réimprimées par l'auteur en 1862, dans ses *Questions actuelles*, puis en 1864, dans le deuxième volume de ses *Essais de philosophie et de morale*. Nous croyons devoir les reproduire

ment, même au risque de déplaire quelquefois à nos amis et de plaire quelquefois à nos ennemis. La situation n'est pas bonne, mais, puisqu'elle est mauvaise, ce qu'il y a de mieux, c'est de l'avouer et de la corriger. Recevez, je vous prie, amicalement ces lettres, qui vont à vous comme y va souvent mon souvenir.

La question de l'enseignement n'est pas de celles où il est permis de répondre : « Il y a quelque chose à faire, » sauf à ne rien faire ; il faut se décider, il faut se presser, car il ne s'agit pas de nous, mais de nos enfants, que nous n'avons pas le droit de sacrifier.

Chateaubriand a écrit dans ses *Mémoires* : « Il y a toujours, en France, cent contre un à parier qu'une chose quelconque ne durera pas. » J'espère bien qu'il n'y aura pas une exception pour le plan

telles que M. Bersot les avait écrites, bien qu'elles se rapportent à un état de choses qui s'est considérablement modifié. L'auteur, en 1863, les avait fait précéder de cet avertissement dans lequel il allait lui même au devant de l'objection :

« Depuis le jour où les premières Lettres sur l'enseignement ont été publiées, bien des changements se sont accomplis. M. Rouland a rétabli l'enseignement sérieux de l'histoire et l'agrégation spéciale pour cette faculté ; M. Duruy a inauguré son ministère en rendant à la philosophie des collèges son nom, son étendue et son agrégation particulière ; les fonctionnaires ne seront plus révoqués avant d'avoir été entendus et jugés par un tribunal créé dans le Conseil de l'instruction publique ; la bifurcation est reculée à la classe de seconde, et on peut espérer qu'elle reculera plus loin. C'est un grand plaisir, et auquel les plus philosophes ne peuvent être insensibles, de voir ainsi tomber, pièce à pièce, un mauvais régime qui s'était promis d'être immortel. »

d'études et le baccalauréat actuels. Indépendamment de cette raison, qui suffirait au besoin, il y en a de bonnes, que j'ai l'intention d'expliquer. Les circonstances sont peut-être favorables. Au ministre qui avait institué le nouveau régime [1] a succédé un ministre libre de tout engagement et qui a tenu à le faire comprendre [2]; puis l'expérience a ouvert bien des yeux, et, du vivant même du dernier ministre, il était évident que les choses ne pouvaient pas rester dans cet état.

Je parle sur cette matière, parce que je puis être utile, ayant donné à l'enseignement une vingtaine d'années, ce qu'on m'a permis de lui donner, libre de dire, attaché profondément à l'Université, non pas à toutes les pratiques qu'elle retient de l'habitude ou que la volonté de ses maîtres passagers lui impose, mais à son esprit libéral, qui persiste à travers toutes les épreuves et ne se refuse à aucun progrès. Je parle peut-être avec vivacité, je ne m'en défends pas : j'aime le bon sens ; le faux ne fait pas du mal seulement par ses effets propres, il fausse encore les esprits, qui, le voyant établi, s'habituent à croire qu'il est vrai. Je songe aussi qu'il s'agit de ceux qui viendront après nous et feront de ce pays ce qu'ils seront eux-mêmes. Dé-

[1] M. Fortoul.
[2] M. Rouland.

sintéressé de beaucoup de choses, je ne me vanterai jamais d'être désintéressé de celle-là.

I

Le caractère propre du plan d'études de 1852, aujourd'hui en vigueur, est la recherche de l'utile. On a considéré les spécialités dans lesquelles les hommes se partagent, et on veut fournir à toutes ces spécialités. Au lieu donc de viser à une perfection générale de l'esprit, on ne vise qu'à une perfection particulière, on forme le parfait écolier de l'Ecole navale, de l'Ecole forestière, de l'Ecole de Saint-Cyr, de l'Ecole polytechnique, de l'Ecole normale. Comme ces écoles s'ouvrent de bonne heure et qu'elles ont leur programme d'admission, difficile à proportion du nombre des candidats, on a senti qu'on ne saurait y préparer trop tôt et trop fortement. Aussi, en sortant de la classe de quatrième, les élèves doivent entrer dans la voie des lettres ou dans la voie des sciences; c'est ce qu'on appelle d'un nom emprunté à l'industrie et qui sied bien ici, la bifurcation. Dès lors l'enseignement ne voit plus que l'école : aucun écart, aucun excès : on les a prévus dans l'enseignement des lettres. qui, naturellement plus vague, invite les jeunes élèves à regarder à droite et à gauche et à courir le pays ; l'histoire et la philosophie, qui éveillent de ces fantaisies, ont été mises à la raison.

Ce plan est très bien conçu. La séparation des lettres et des sciences répond à la séparation des aptitudes et des carrières ; chacun de ces embranchements mène loin et dessert, chemin faisant, les différentes écoles. Ce que l'enseignement scientifique comporte d'études littéraires, ce que l'enseignement littéraire comporte d'études scientifiques, est bien ménagé ; on trouve même appliqué en grand pour la première fois cet excellent principe que, au lieu d'enseigner une science dans toute sa difficulté à un seul âge et à un seul ordre d'esprits, on peut l'enseigner à divers âges et à divers ordres d'esprits à diverses profondeurs. Je le répète, ce plan, comme plan, est très remarquable ; il pèche dans la pratique : on a supposé des élèves d'une espèce supérieure.

D'abord, pour se décider, au moment de la bifurcation, ils doivent avoir une connaissance bien certaine d'eux-mêmes et de la vie. Un ancien a imaginé qu'Hercule, au commencement de l'adolescence, se trouva à l'entrée de deux chemins, le bon et le mauvais ; que la Volupté et la Vertu vinrent l'inviter à les suivre ; qu'il écouta leurs raisons, réfléchit longtemps et se décida pour le grand parti. C'était bien de le faire choisir à cet âge, qui est une crise; de plus, il savait même alors distinguer entre le bien et le mal, et savait sur quoi il délibérait; enfin, il ne dépendait que de lui, une fois le choix fait, de le suivre toujours, car, pour être bon ou mauvais, il n'y a besoin que de la volonté. Nos enfants, plus précoces, ont à délibérer de meilleure heure, sur des points plus obscurs. Vers treize ans, on les place aussi à l'entrée de deux chemins, celui des lettres et celui des sciences; des lettres. ils connaissent la grammaire; des sciences, les quatre règles et quelques expériences de physique et de chimie amusante; on leur a dit que par l'un ils seront ingénieurs, médecins, militaires, etc., par l'autre avocats, magistrats, prêtres, et le reste. Or, il n'y a rien de plus certain, comme chacun sait, que les vocations de treize ans. Les uns, indifférents sur les agréments ou les ennuis du chemin, ne voient, au bout, qu'un uniforme qui brille; d'autres, plus prudents, se décident sur leur expérience : ils se jettent dans les lettres par dégoût des théories arithmétiques, dans les sciences par dégoût des thèmes et des leçons à réciter. Il est vrai que plusieurs, une fois entrés dans une de ces routes, en sentent les ennuis présents et oublient les anciens ennuis; aussi, les voit-on revenir à la route abandonnée, jusqu'à ce que, par honte de changer, ils restent où cette honte les a surpris.

Donnez-leur la parfaite connaissance de leur aptitude, elle ne suffira pas pour qu'ils choisissent bien ; il ne serait pas mal de leur donner aussi la prévision de l'avenir pour savoir deux choses : s'ils réussiront à entrer dans l'école où ils veulent entrer, et aussi ce qu'il arrivera de la fortune de leur père, qui, changée, pourra changer leurs plans. Que faire de soi, quand, frappant obstinément à une école, on est resté à la porte ? Que faire de soi, quand, entré dans une carrière à long stage, des parents ruinés ne peuvent plus vous soutenir ? Avec une aptitude générale, rien n'est perdu : on a formé son intelligence, on l'emploie ici au lieu de l'employer là ; mais avec des études exclusives, on n'était propre qu'à la chose que l'événement vous interdit.

Une autre erreur du plan d'études est de supposer l'esprit mathématique beaucoup plus commun qu'il ne l'est. Tout le monde n'est pas mathématicien : il y a dans les mathématiques une abstraction puissante qui effarouche la plupart des esprits. Si tout homme n'est pas mathématicien, tout âge non plus ne l'est pas : il faut du temps avant que l'esprit des enfants, engagé dans les choses individuelles, sépare de ces choses leur essence, pour envisager, à la place des nombres réels et des grandeurs réelles et de leurs relations réelles, les quantités pures et les purs rapports. Quant à l'intérêt que ces sciences présentent, il doit être très grand quand on est parvenu à un certain point, quand on sent qu'on possède en elles un instrument admirable qui vous ouvre ce monde où tout a été fait avec nombre, avec poids et avec mesure ; mais, dans les commencements, on ne devine point cette vertu ; les lenteurs nécessaires des démonstrations impatientent ; de temps à autre, on voit bien, par plus d'horizon, qu'on a monté, mais la pente est si faible qu'en marchant on ne sent pas qu'on avance. Par ces dégoûts des commencements, ou par les difficultés qui viennent après, il arrive ce qui devait arriver : quelques-uns seulement suivent, et une multitude restent en arrière, incapables de se rattraper dans un enseignement où toutes les vérités s'appuient les unes sur les autres, où on ne peut rien apprendre sans savoir tout ce qu'on a appris.

Comme il a supposé les élèves plus sûrs de leur aptitude, plus prévoyants de l'avenir et plus capables de mathématiques qu'ils ne le sont, le plan d'études les suppose aussi plus raisonnables, moins exclusifs. En imposant aux élèves des études étrangères à leurs spécialités, en les réunissant dans de certains exercices communs après les avoir séparés comme en deux nations, on a pensé qu'ils consentiraient à cette digression, on s'est trompé ; cela devait se prévoir et se voit maintenant. Renfermés dans la même classe, sous le même professeur, devant le même travail, les littérateurs restent littérateurs, les scientifiques, scientifiques ; autrement ils croiraient perdre leur temps et manquer à la dignité des sciences ou des lettres qu'ils représentent. Par malheur, personne ne profite à ces dédains. La discipline des sciences sert à former le raisonnement des esprits littéraires, et les habitudes littéraires ne sont pas sans quelque utilité : d'abord un homme du monde, quel qu'il soit d'ailleurs, n'ignore pas de certaines choses sans ridicule ; puis les lettres donnent les moyens d'exposer les sciences elles-mêmes, et, enfin, elles préservent l'esprit d'une certaine raideur que l'inflexibilité du raisonnement mathématique risque de lui communiquer.

Voilà, pour ne pas entrer dans les détails, les principaux défauts du plan d'études actuel : il s'adresse à mieux qu'à des enfants et à des jeunes gens, il demande à ceux auxquels il s'applique des qualités rares ou même impossibles ; on leur donne un bel habit, on a oublié de leur prendre mesure. Cela arrive quelquefois en France ; mais d'ordi-

naire ce sont des rêveurs, on dit, je crois, des idéologues, qui commettent ces bévues ; ici, au contraire, ce sont des hommes positifs, des hommes
pratiques, ce qui console beaucoup les idéologues.

On a d'autres reproches à adresser au plan d'é-
tudes, quand on lui demande, ce qu'il a fait de deux
grands enseignements, celui de l'histoire et celui
de la philosophie.

Il y a toutes sortes de bonnes raisons pour
recommander l'étude de l'histoire, premièrement
la raison que donne Bossuet : « Il serait honteux
d'ignorer le genre humain. » Au point de vue de
l'éducation, comme moyen de former l'intelligence, elle a une utilité particulière. Une fois
entré dans le monde, l'important est qu'on la
sache, de quelque façon qu'on l'ait apprise ; au collège, l'important est la façon de l'apprendre. J'ai
vu un temps où, le professeur, faisant une leçon,
les élèves la reproduisaient par écrit ; on leur enseignait alors, avec les faits, le choix et l'ordre
des idées, l'art de la rédaction, l'art du style ; ils
ajoutaient dans ce temps-là, quand ils étaient de
bonne volonté, des lectures, des analyses d'historiens, même des appréciations ; ces exercices, con-
tinués pendant quatre ou cinq années, me sem-
blaient singulièrement profitables ; je me trompais
sans doute puisqu'on les a supprimés. Je me di-

sais que s'il y avait excès quelquefois dans les détails de l'histoire, si le cours de collège tournait quelquefois en cours de Faculté, l'Administration avait des moyens sûrs pour réduire l'enseignement à être ce qu'il devait être ; mais on n'a pas corrigé l'excès, on a changé le système. Maintenant, le professeur dicte des sommaires qu'il fait ensuite réciter ; les élèves peuvent se donner carrière dans des narrations ou des parallèles. La narration paraîtra peut-être un double emploi avec la rhétorique, mais j'espère beaucoup dans le parallèle.

Après l'histoire, venons à l'autre enseignement. On débaptise la philosophie, qu'on appelle logique, on invite les jeunes gens à des discussions sur la méthode, puis à la fin, comme application des règles de la méthode, on leur montre la spiritualité de l'âme, l'existence de Dieu, la liberté, la loi morale et la vie future. On aurait pu prendre d'autres questions, on a bien voulu prendre celles-là. En apprenant qu'il y a un Dieu, qu'il y a une conscience morale, que nous sommes des esprits libres, immortels, responsables de nos mauvaises actions, même après la mort, ils apprendront à respecter toute leur vie la méthode. Voilà pour les élèves des lettres ; quant aux élèves des sciences, que pourraient-ils faire, je vous prie, de ces idées sur eux-mêmes, sur Dieu et sur l'autre vie ? Ils seront bacheliers sans cela. Aux uns ni aux autres on ne dit un mot de l'histoire de la philosophie.

Tel est l'état des choses ; parlons-en, mais point en amis ou en ennemis de la philosophie, parlons raison. Comment ose-t-on respecter assez peu ces hautes vérités de religion et de morale pour les placer dans la logique, pour les introduire par cette porte basse et dérobée de la méthode, quand il faudrait, pour les recevoir, ouvrir l'esprit et l'âme tout grands, et les montrer comme les sommets de la science ; quand il faudrait imprimer dans les jeunes gens cette pensée qu'il ne s'agit pas là d'analyse ni de synthèse, d'induction ni de déduction, mais de notre dignité, de notre bonheur, de tout l'homme ! Comment ne craint-on pas de compromettre ces vérités en les subordonnant à une méthode, quand il est certain qu'elles sont au-dessus de la méthode, qu'elles se forment en nous, non par l'artifice des procédés, mais par le mouvement spontané de l'âme, qui se sent libre dans l'action et avant l'action immatérielle, quand elle résiste au corps ; immortelle, par ses nobles instincts ; qui connaît la distinction du bien et du mal par la conscience, la satisfaction intérieure, le remords, et l'existence de Dieu par le spectacle du monde et d'elle-même,

la philosophie se bornant à forcer les hommes de
faire attention pour voir ces vérités en eux, pour
les voir telles que la nature les y a gravées de sa
puissante main. Si les esprits voués aux études
littéraires ont besoin de ces vérités, si, sans elles,
ils ne comprennent ni la littérature, qui vit des
idées religieuses et morales, ni l'histoire, qui suppose au moins la liberté et la distinction du bien
et du mal, ni en un mot rien, où a-t-on vu que les
esprits voués aux études scientifiques n'en ont pas
besoin? Les jeunes élèves de médecine iront dans
les amphithéâtres et dans les hospices, bien pourvus de physique, de chimie, de mécanique ; en
voyant l'influence des organes sur la pensée et sur
le sentiment, ils seront tentés de matérialisme, et
personne ne les aura avertis, personne, prévoyant
l'objection redoutable, ne l'aura discutée et dé-
truite ! Ces savants ne lèveront jamais les yeux de
dessus leurs livres, et, en observant le train des
choses humaines, ils ne seront jamais tentés de
croire que nul être sage et juste ne le conduit? Il
n'aura pas été utile qu'un homme exercé, soule-
vant à l'avance les difficultés qui doivent se sou-
lever d'elles-mêmes un jour, les examinât sincèrement devant eux et y répondît ce que la raison
répond pour raffermir la croyance à Dieu? A quoi
enfin sert-il de cacher si soigneusement aux

jeunes gens, quels qu'ils soient, l'histoire de la philosophie, comme si, dès leur entrée dans le monde, ils ne devaient pas y rencontrer toutes les erreurs, athéisme, panthéisme, matérialisme, fatalisme, communisme, etc., comme si cette innocence d'esprit, si précieusement conservée, devait servir à autre chose qu'à les exposer sans défense à la séduction de doctrines qu'ils admirent pour leur nouveauté, et qui sont seulement vieilles comme le monde ! Quelle pitié !

Le public a fait peu d'attention à ces réformes de la philosophie et de l'histoire, parce qu'il a été très frappé de la bifurcation et très attentif à en suivre les effets ; pourtant, s'il y a quelque chose qui mérite le blâme, c'est cela. Les auteurs du plan d'études ont pu, sans le savoir, se tromper sur les résultats futurs de la bifurcation ; mais quand ils portaient la main sur deux enseignements libéraux, ils savaient ce qu'ils faisaient et ils étaient sans excuse. Je crains qu'il ne faille appliquer ici le mot de Chamfort sur la Harpe : « C'est un homme qui se sert de ses défauts pour cacher ses vices. »

Le plan d'études, si sévère pour l'histoire et la philosophie, a maintenu, a fortifié la pratique des vers latins et des discours latins. Je ne conteste pas l'utilité des vers latins et des discours latins, je le dis de bonne foi, j'admets même, si on veut, mais sans le croire autant, qu'on peut écrire en latin, vers ou prose; mais à côté de cette question : les vers et les discours latins sont-ils utiles? viennent ces autres questions : à combien sont-ils utiles? et, dans un temps donné d'étude, n'y a-t-il aucun travail plus utile que celui-là? Répondons-y franchement. Sur une cinquantaine d'élèves qui composent une classe, combien y a-t-il d'élèves qui puissent ou qui veuillent profiter en ces genres, et arrivent à quelque talent? combien, si de ceux-là on ôte ceux qui se destinent à être professeurs? et on devra les ôter, car enfin l'enseignement n'est pas fait pour le professorat, mais le professorat pour l'enseignement. Cela étant, il ne s'agit plus d'affection ou de rancune pour ou contre certains exercices, et voici toute la question : l'enseignement est-il fait pour le grand nombre ou pour le petit nombre? Il me semble qu'on ne peut la résoudre que d'une seule manière; pour mon compte, je n'hésite pas. L'enseignement, si on a quelque conscience, doit s'adresser à tous, se préoccuper des esprits ordinaires qui forment l'immense majorité, prendre par la main les élèves de capacité commune, leur apprendre à marcher, les mener aussi loin que possible. Ceux qui ont des ailes voleront. Il ne faut pas s'exagérer l'influence de l'enseignement sur les esprits supérieurs : ceux-là trouvent toujours leur route ; quand ils ne se forment pas tout seuls, leur génie original se forme sous les maîtres même qui le contrarient, ils sortent comme Voltaire des écoles des Jésuites.

Je voudrais, pourquoi pas? qu'on donnât à lire de bon latin le temps qu'on met à en faire de mauvais ; je voudrais qu'on sortît du collège possédant son antiquité. On discutera tant qu'on voudra contre les anciens, ils ont ce mérite : ils ont rendu les idées simples dans leur forme simple, sans recherche de l'effet. Il y a des classiques dans tous les temps et dans tous les pays, ceux qui, éminents par l'ordre de la composition et la pureté du langage, laissent des modèles sans danger ; mais il n'y a d'anciens que là où se rencontre la naïveté, et la naïveté n'est pas plus facile à retrouver dans les lettres que, dans les sciences, l'étonnement. Anciens et classiques sont sans aucun doute les hommes avec qui il convient de faire vivre la jeunesse, si on veut la nourrir de ce qu'il y a de plus sain et lui donner le goût de la simplicité, sans laquelle il n'y a pas de grâce véritable ni dans la vie ni dans les écrits. L'Université l'a toujours voulu ; c'est, dans tous les programmes, la partie qui ne change pas ; et pourtant les élèves connaissent-ils suffisamment ce qu'on tient à leur faire connaître? Je

ne le pense pas, et je dis tout de suite pourquoi :
l'explication l'emporte sur la lecture, la grammaire sur l'analyse littéraire. On prend dans un
auteur une partie, on ne permet aux élèves que le
texte, et ce texte est scrupuleusement interprété à
travers une année, morceau à morceau. C'est une
excellente étude de langue; mais la grammaire a
peu d'attraits pour la plupart de ces jeunes esprits : ils suivent le professeur parce qu'il le faut,
et ne sont pas intéressés comme s'ils lisaient tout
un ouvrage de suite. Il est vrai que, pour cela, on
devrait mettre entre leurs mains les traductions,
lire, analyser avec eux les auteurs, noter avec eux
les plus beaux passages, leur donner le désir de
lire ces passages dans la langue originale, les expliquer devant eux en leur imprimant le sentiment
des beautés étrangères, leur annoncer qu'il y en
a de pareilles dans d'autres ouvrages et d'autres
auteurs, où on irait les chercher ; ils prendraient
ainsi une grande considération pour la littérature
qui est si puissante pour charmer ou pour remuer
les esprits, et pour quelques littératures particulières où cette puissance paraît. Disons-le, la lecture
des auteurs français ne remplace pas celle-là : notre
dix-septième siècle, qui figure principalement dans
les classes, est trop sévère pour de tels lecteurs ; ce
qui le rend pour nous, plus âgés, inestimable, ce

fond sérieux où paraissent constamment les grandes règles du goût et de la vie, ce fond est fait pour effrayer la jeunesse. On l'étonnerait si on l'amenait à croire qu'il y a chez les Latins et les Grecs, chez les Grecs surtout, une multitude d'ouvrages qui l'enchanteraient, qu'ils pourraient lire Homère comme *les Mille et une nuits*, Hérodote comme un roman, Tacite comme une satire contemporaine ; qu'en ouvrant Démosthènes, Eschyle, Sophocle, Euripide, ils auraient des plaisirs d'éloquence et de poésie comme on en a au théâtre ou dans l'assemblée d'une nation libre. Si l'éducation doit apprendre quelque chose, elle doit surtout donner le désir d'apprendre ; si elle doit nourrir l'esprit, elle doit surtout exciter son appétit, lui créer des goûts, lui imprimer un mouvement et qui dure. Que chacun juge l'éducation présente par ces principes. Lettres ou sciences, je vois bien qu'on donne aux jeunes gens une clef pour ouvrir les trésors qu'elles renferment, mais ils n'ont pas envie d'entrer.

Trop longtemps, dans l'Université, surtout sous l'ancienne administration des lycées, la lecture a été regardée comme du temps perdu ou comme un danger. Du temps perdu? Est-ce qu'elle ne nourrit pas? Est-ce qu'elle n'éveille pas l'esprit? Est-ce qu'elle ne lui fait pas sentir qu'il existe? Un danger? Tout est dangereux pour une âme inerte, mais quand elle est vivante, le torrent de la vie emporte tout. Mme de Sévigné, qui enseignait à Mme de Grignan à aimer sa fille, lui enseignait aussi à l'élever et lui écrivait dans sa hardiesse : « Pour Pauline, cette dévoreuse de » livres, j'aime mieux qu'elle en avale de mauvais » que de ne point aimer à lire. » (15 janvier 1690.) Forcez même un peu le sens quand il s'agit de garçons, c'est la pure raison.

On se préoccupe du niveau des études avec grande raison ; quel est le moyen de le maintenir ? Rendre l'enseignement plus difficile ? Non, quoi qu'il semble. Car une fois l'enseignement élevé, il reste à élever les jeunes gens jusqu'à l'enseignement, et c'est là la difficulté : il ne suffit pas de les tirer à soi, il faut qu'ils suivent. Or, il y aura toujours quelques esprits supérieurs qui suivront ; mais ce sont des saillies, des éminences, ce n'est pas un niveau ; le niveau sera là où le nombre aura monté. Le commun des intelligences sont les intelligences ordinaires ; l'esprit a sa taille moyenne comme le corps, et pour chaque âge de la vie ; la nature a ses mesures qui ne sont pas les nôtres. Si vous voulez enseigner à quelques-uns, vous êtes libre ; si vous voulez enseigner à tous, comme il convient, prenez la moyenne et marchez. A ce compte, dans les lettres et dans les sciences, il y aura quelque chose à sacrifier.

Si on veut aussi se préoccuper un peu du génie de la nation que l'on forme, il n'y a pas à hésiter, on devra donner aux lettres le plus grand nombre et la plus grande place. La France n'est pas déshéritée de l'esprit scientifique : elle a en ce genre des noms à opposer aux noms les plus éclatants des autres pays ; mais son génie est surtout littéraire. Esprits singulièrement sociables, nous recherchons les idées qui, comme elles défrayent la conversation d'un salon, défrayent le commerce du monde ; nous les rendons claires, intéressantes, acceptables partout, et les lançons ainsi dans la circulation de l'univers.

Quand un jour on réformera ce qui existe, oserai-je recommander un intérêt qui a paru moindre aux chefs de l'Université, celui des professeurs ? Ce n'est rien de dire aux élèves : Respectez les professeurs. Il faut d'abord les respecter soi-même, et assurément on ne relève pas beaucoup le professeur de philosophie et le professeur d'histoire, quand on fait de l'un le répétiteur de toutes sortes de choses pour le baccalauréat, de l'autre ce que nous avons vu ; ni les professeurs de tout ordre, quand, au lieu de leur laisser quelque indépendance pour ménager le temps de leur classe, on règle de quart d'heure en quart d'heure ce qui sera donné à chaque exercice, et on les astreint à rendre compte à chaque fois. De plus, en dehors des classes, on les charge de conférences multipliées, qui ôtent aux élèves le temps de travailler par eux-mêmes et aux maîtres la liberté de l'étude ou du repos.

II

Le baccalauréat termine les études ; il ne les termine pas seulement, il les règle ; car l'Administration doit évidemment les mettre en rapport l'un avec l'autre, et les élèves, au défaut de l'Administration, prendront ce soin. L'histoire du baccalauréat est facile à faire. Voici les deux grands changements qu'il a subis dans l'usage et dans la forme. Dans l'usage, après qu'il eut été longtemps un certificat d'études sérieuses, le gouvernement s'est avisé que ce serait là un bon obstacle pour prévenir l'encombrement des carrières, et l'a placé à la porte de ses écoles pour en défendre l'entrée ; dans la forme, après avoir consisté surtout dans un examen oral, il en est venu à consister surtout dans un examen écrit. Nous avons à considérer ces changements

C'est une règle constante que, de l'examen écrit
et de l'examen oral, il n'y en a jamais qu'un qui
soit sérieux : lorsque l'examen écrit est difficile,
l'examen oral ne compte pas, et réciproquement ;
après un grand obstacle franchi, les examinateurs
se reprocheraient d'en créer un autre de même
force. Or, maintenant c'est l'examen écrit qui est
à peu près tout. Deux compositions, l'une de version latine, l'autre de dissertation, latine encore
ou française, six heures d'épreuve à tête reposée,
priment naturellement une interrogation de trois
quarts d'heure. Ainsi, cette encyclopédie des connaissances humaines qu'on appelle baccalauréat
ès lettres se réduit, dans la pratique, à une épreuve
de latin, secondairement de français ; et comme il
faut renoncer à un latin qui ait couleur latine, ou
à un français qui ait couleur française, on ne se
prend qu'aux plus gros manquements contre la
grammaire, aux violations de la syntaxe et surtout
de l'orthographe, tout en les déplorant, et faisant
la part de l'étourderie et de la peur. S'il y a une
partie scientifique du baccalauréat littéraire, il y
a aussi une convention tacite entre les candidats
et les juges, les uns convenant de demander peu,
les autres de ne pas répondre davantage, convention qui existe aussi entre les candidats au baccalauréat ès sciences et les juges de la partie lit-

téraire de l'examen scientifique. C'est la force des choses.

On se récrie sur l'étendue du programme du baccalauréat littéraire, il me semble injustement, car je ne vois pas trop qu'on pût se passer de l'histoire, de la géographie, ni ce qu'on en pourrait retrancher; on a eu l'attention pour les élèves de réduire à peu la philosophie; enfin, la lecture des meilleurs ouvrages, des meilleurs auteurs classiques, est bien placée là; mais de l'étendue du baccalauréat scientifique on ne dit en général rien, tandis qu'il y a des sciences entières ou des parties de sciences qui pouvaient y être admises ou en être exclues, librement. Je n'en dirai rien non plus : admirant ce vaste ensemble, et convaincu que la science de nos bacheliers y répond, je désire seulement que, s'il survient quelque cataclysme, on sauve un programme, pour montrer aux générations futures quelle était la force de celle-ci, comme on conserve les pesantes armures des chevaliers pour étonner notre faiblesse.

Le baccalauréat ès sciences est exigé pour les Écoles forestière, militaire, polytechnique, normale, et pour l'École de médecine. Or, il est inférieur aux examens des Écoles normale et polytechnique, pareil aux examens spéciaux des Écoles forestière et militaire. Il semble que, sauf pour

l'École normale, où il est le commencement d'une
série de grades à prendre, il peut être supprimé
pour les Écoles forestière, militaire et polytechnique, comme épreuve moindre ou égale, et que, si
ces Écoles regrettent quelques parties de l'examen, elles peuvent bien leur donner dans leur examen d'admission l'importance convenable. Ainsi,
chacune se recrutera comme elle l'entendra, le
baccalauréat ne sera plus forcé de se conformer
aux exigences des écoles, et l'enseignement des
collèges suivra sa propre direction, poursuivra son
propre but, qui est l'instruction générale, au lieu
de dissiper l'encombrement des services publics. Il
ne sert même pas toujours à cela. Le baccalauréat
étant exigé pour l'École de Saint-Cyr, il fonctionne
à sa façon dans les temps ordinaires; mais dès que
les besoins surviennent, comme le baccalauréat ne
fournit pas assez, et de peur que l'École ne reste
vide, le Ministre de la guerre sollicite l'indulgence
pour ses candidats. Ainsi, le gouvernement se
préoccupe d'abord de dresser une barrière qu'il se
préoccupe ensuite d'abaisser.

Reste l'École de médecine. Je voudrais bien savoir quel rapport il y a entre la médecine et les
figures dans l'espace, les courbes usuelles, la tri-
gonométrie, les formules de la physique et de la
mécanique mathématiques. La médecine est à la

fois une science naturelle et une science morale : elle vit de faits qu'elle analyse et qu'elle classe, dont elle étudie les causes et les lois; de faits physiques, quand elle étudie la machine humaine, les changements qui y surviennent par son propre mouvement; de faits moraux, quand elle étudie les effets du corps sur l'âme et de l'âme sur le corps, soit qu'elle voie dans le cours des idées et des passions un symptôme des affections des organes, ou que, pour expliquer les mouvements qui se passent dans ces organes, il lui faille remonter jusqu'aux idées et aux passions, qui ont là un contre-coup inévitable et un si fort retentissement. La médecine est toute en observation et en induction, nulle part en raisonnement abstrait. Elle n'a donc besoin, comme préparation, que de la science naturelle et de la science morale, et peut ne savoir, en mathématiques, que ce que tout le monde doit savoir. Il est donc bien de demander au médecin futur des connaissances de physique, de chimie, d'histoire naturelle, de cosmographie, et il ne sera pas mal de lui demander quelques connaissances morales, quelques notions de l'esprit et du cœur de l'homme, si on ne veut pas qu'il traite l'homme comme une plante ou comme une bête. Or, pour cela, la littérature ne lui sera pas inutile, la littérature, chose humaine par excellence; et si on pense que la connaissance de l'homme a bien quelque chose à démêler avec la philosophie, il faudra se résigner à la philosophie : au programme actuel, si fort sur la méthode, on ajoutera quelques questions, pour que notre futur médecin apprenne un peu si dans ce corps il n'y a pas un hôte, quel est cet hôte, s'il n'y a pas en lui une raison, une imagination, des sentiments. L'ancien programme avait ces scrupules, que n'a plus le nouveau.

Il faut que le baccalauréat ne soit plus que la preuve d'études bien faites, comme elles peuvent être faites par le grand nombre des esprits. Par ce principe, le baccalauréat ès sciences deviendra raisonnable ; le baccalauréat ès lettres, restreignant ses épreuves écrites, se bornera, pour cette part, à la version latine, comme double épreuve de latin et de français, épreuve qui d'ailleurs comptera sans exclure ; et si le système de lectures, qui me semble être le bon, était appliqué dans les classes, les examinateurs auraient le droit d'exiger que les candidats eussent lu les auteurs dont ils parlent, au lieu d'avoir lu Homère et Virgile, par exemple, dans les sommaires des chapitres des manuels composés pour cet usage.

Ici se représente, à propos de l'examen, cette question du niveau, que nous avons rencontrée à propos des études. Pour l'élever, n'y a-t-il qu'à rendre l'examen plus difficile, à fortifier les épreuves, à charger les programmes? Mon Dieu non! L'examen ainsi difficile ne sera abordable qu'à quelques-uns; de là une réclamation universelle, et, chez les examinateurs, avec la conscience d'exiger trop, le regret de sacrifier l'avenir de tant de jeunes gens. De leur côté, les candidats, incapables de préparer sérieusement un tel examen, prendront les expédients; et ce sont ceux-là qui, se présentant en foule, à un moment donné, forcent les portes. Demandez le possible, vous l'aurez, en combattant, mais vous l'aurez; demandez plus, vous aurez moins, cela est inévitable. Que les législateurs de l'enseignement se persuadent bien de cette vérité pratique : au delà d'un point, on n'est plus maître; on ne fait plus le niveau, il se fait.

Ne cachons rien; aussi bien tout le monde le sait, professeurs, élèves et parents : avec le système actuel du baccalauréat, voici comment les choses se passent. Dès la classe de troisième, quelquefois avant, un élève se prépare spécialement au baccalauréat. En attendant qu'il apprenne autre chose, il apprend le programme; puis, armé de ce *cicerone,* il va droit devant lui à l'examen; il ne veut voir, ne veut entendre, ne veut faire que ce qui mène là. Ouvrir son esprit, se former un sens droit, embellir son imagination, assurer son goût

(je ne parle même pas des sentiments, pour qu'on
ne se moque pas de moi), tout cela détourne. Un
chemin à faire, tant aujourd'hui, tant demain, cela
est clair, on voit où on va, on sait où on est; à
mesure que le temps avance, l'impatience prend,
on ne marche plus, on court, et, parvenu au fossé
qui sépare du but, on se lance, les yeux fermés, en
invoquant la chance. Beaucoup tombent au milieu,
quelques-uns arrivent à l'autre bord, pour l'édifi-
cation commune; les victimes s'en retournent, se
sèchent et se remettent un peu, puis reprennent
leur élan. Que la chance leur soit en aide! Et
maintenant qu'ils comptent leurs richesses : au
lieu d'un esprit vigoureux par une bonne nourriture bien digérée, par de convenables exercices,
une mémoire surmenée; au lieu de science, un
programme; au lieu de facultés, des numéros.

Quel est, dans tout cela, le rôle des parents? Les
parents, « fort dociles », perdus dans les détours
des programmes et pleins de déférence pour la volonté de leur fils, n'interviennent, quand ils interviennent, qu'avec la plus grande discrétion. S'il y
en a qui, par prévoyance de l'avenir, exigent le
double diplôme, au moins n'y en a-t-il guère; il
leur faudrait, avec les lumières et la fermeté, de
la fortune, c'est-à-dire des choses qui ne sont pas
à tout le monde. Un des étonnements de ce temps-

ci, qui en a beaucoup, est la mansuétude des parents. Ils veulent être aimés ; quoi de mieux ? mais ils ne savent donc plus que, pour être aimé durablement, il faut être respecté d'abord, et qu'on n'est pas respecté quand on ne maintient pas la part de légitime pouvoir qu'on a reçue ; que, pour être aimé toujours, il faut, au besoin, consentir un moment à ne pas l'être. Ce courage convient aux pères ; et, puisque par l'entraînement des occupations qui absorbent le père, la conduite des enfants revient souvent à la mère, je dirai qu'il y a peu de spectacles plus touchants que celui d'une mère qui, avide d'être aimée, de complaire à son fils, de satisfaire ses moindres caprices, s'arrête, et voyant évidemment l'intérêt solide de ce fils quelque part où il ne le voit pas lui-même, prend l'autorité, tandis que son cœur saigne en l'exerçant. C'est là de l'héroïsme, un héroïsme que les femmes tenteraient plus souvent si elles songeaient que par les coups du sort elles peuvent à tout instant devenir le chef unique de la famille, héroïsme tôt ou tard reconnu par ceux qui en ont souffert et qui assure l'autorité pour les temps de crise, et pour le temps même où on n'a plus le droit de l'exiger. Du reste, il est plus facile qu'on ne croit de prendre un parti, en fait d'éducation et d'instruction : il y a là des principes naturels, faciles à consulter. En éducation, il faut savoir travailler, accepter une discipline, sacrifier un plaisir à un devoir; en instruction, avant les études spéciales, viennent les études générales; les vocations découvrent l'application. Avec du bon sens et de la bonne volonté, il est encore possible de se reconnaître. Pour la préparation générale, rien de plus simple; quand vient le moment de choisir, comme nous ne sommes plus sous l'ancien régime, et qu'on ne fait plus par ordre des prêtres ou des militaires, on peut délibérer avec son fils, le faire réfléchir, lui permettre d'expérimenter, constater avec lui les résultats, l'inviter à distinguer les désirs réels et les fantaisies, la volonté et la puissance, comparer devant lui les exigences d'une carrière avec la fortune et les secours dont on dispose; puis, enfin, après l'épreuve faite, prendre la responsabilité sur soi et trancher. Il y a dans une délibération ainsi mûrie plus de chances de bien choisir que dans les inspirations mobiles de la jeunesse ; et, après tous ces soins, si on a mal choisi, la nature saura bien reprendre ses droits, mettre chacun à sa place.

J'aime la jeunesse, et j'en ai été aimé, peut-être pour cela. Une fois qu'elle est travailleuse et honnête, je lui sais gré d'être vivante, d'être heureuse, et je ne lui en veux pas de ce que je vieillis. Aussi, je souffre de voir les expériences qu'on fait sur elle : c'est bien assez des pièges que sa légèreté lui tend ; on devrait au moins ne pas la tromper.

Adieu, mon cher et ancien collègue, à bientôt l'histoire détaillée du baccalauréat.

(30 janvier 1857)

HISTOIRE DU BACCALAURÉAT

Vous rappelez-vous cette page où Rabelais raconte comment un procès grandit ? C'est d'abord un sac informe, puis, par les soins des gens de justice, il pousse une tête, une queue, des oreilles, des dents, des pattes et des griffes, spectacle très réjouissant ! enfin il devient un animal parfait. On pourrait, si on voulait, prendre un plaisir de cette sorte, à propos du baccalauréat. On le montrerait à l'état naissant, ensuite s'organisant peu à peu, jusqu'au présent état, où il semble qu'il ne lui manque plus rien.

I

Le décret impérial du 17 mars 1808, qui constitue l'Université, remet aux Facultés la collation des grades. Le premier grade à prendre, au sortir des classes, est le baccalauréat ès lettres. Pour être admis à l'examen, il faut : 1º être âgé au moins de seize ans ; 2º répondre sur tout ce qu'on enseigne dans les hautes classes des lycées. Cet enseignement comprenait, dans le règlement du 19 septembre 1809, l'explication des auteurs latins et grecs, la rhétorique, l'histoire, et bientôt la philosophie.

L'arrêté du 16 février 1810 exige la condition d'une année de philosophie, soit dans un lycée, soit dans un lieu autorisé, à compter du 1er septembre 1812 ; en 1811 (15 novembre), le certificat d'études domestiques est admis, mais l'examen est de rigueur au chef-lieu.

Dès le commencement, le baccalauréat ès lettres fut la condition de tous les autres grades et de toutes les autres études : baccalauréat ès sciences, examens de droit et de médecine, baccalauréat en théologie. Le baccalauréat ès sciences comprenait les mathématiques élémentaires. Dans les Universités où il n'y avait pas de Facultés, l'examen était fait par des Commissions de fonctionnaires des lycées.

Dans ce temps-là, voici comment les choses se passaient. Muni de son certificat d'études, le candidat se présentait devant la Faculté ou la Commission, qui mettait entre ses mains un auteur expliqué dans les classes, et s'entretenait avec lui des divers objets de ses études. Après avoir travaillé huit ou dix ans, on était naturellement bachelier. C'était l'âge d'or du baccalauréat, l'état d'innocence, ce que nos candidats d'aujourd'hui appelleraient l'époque des bacheliers fainéants. Il faut tout dire : le diplôme ne conférait pas toujours la science. Je trouve la circulaire suivante de M. Siméon, du 19 septembre 1820 : « Monsieur le Recteur, depuis longtemps on se plaignait de la facilité que certaines Facultés des lettres mettaient à la réception des bacheliers, et nous devons avouer que nous avons quelquefois reçu des lettres ou des réclamations d'individus pourvus de ce grade par la voie d'examen, et dont le style et l'orthographe offraient la preuve d'une honteuse ignorance.... » Cela n'arrive plus maintenant.

L'année 1821 apporte des changements considérables. L'arrêté du 13 mars (ministère Siméon) introduit dans le baccalauréat ès-lettres les sciences mathématiques et physiques ; l'interrogation sera libre jusqu'au 1er octobre 1823, où elle sera obligatoire. A partir de cette même époque, les candidats tireront au sort les numéros des questions sur lesquelles ils devront répondre ; en conséquence, ces questions seront réparties en trois tableaux, le

premier contenant les auteurs grecs et latins et la
rhétorique, le second l'histoire et la géographie, le
troisième la philosophie. Ce dernier programme
sera en latin, et l'interrogation en latin. Par le règlement du 25 septembre 1821, le baccalauréat ès
sciences se scinde en deux : baccalauréat ès sciences mathématiques, comme à l'ordinaire, et baccalauréat ès sciences physiques, pour les candidats
qui veulent se livrer aux sciences naturelles et à
la médecine.

En 1830 paraît l'épreuve écrite, encore très modérée. L'arrêté du 9 février (ministère Guernon-
Ranville) prescrit que tout candidat au baccalauréat ès lettres sera tenu d'écrire instantanément
un morceau en français, soit de sa composition,
soit en traduisant un passage d'un auteur classique. La Révolution n'était pas venue assez tôt. Un
peu après qu'elle fut venue, l'examen en latin du
baccalauréat ès lettres fut supprimé (11 septembre,
ministère de Broglie), et remplacé par un examen
en français ; le programme latin disparut en 1832
(28 septembre, ministère Girod de l'Ain), et le
programme français fut installé à sa place. De
philosophie et d'histoire de la philosophie, il comprenait quarante-deux questions.

On va ainsi jusqu'au 15 juillet 1840. L'arrêté de
cette date (ministère Cousin) introduit l'épreuve de

la version en forme, la rend exclusive et modifie les programmes ; il ajoute au programme de philosophie trois questions sur le syllogisme, ses formes et son utilité, au programme de rhétorique des questions sur la littérature en général, particulièrement sur la nature de la poésie, puis, sur l'histoire littéraire, les principales époques de la poésie et de l'éloquence grecque, latine et française, avec les principaux noms qui y ont brillé ; il ajoute, pour l'explication, aux auteurs latins et grecs, les auteurs français, voulant que l'explication soit du même genre ; parmi ces auteurs, il place Pascal, dont il prend les deux premières *Provinciales*, et Voltaire, dont il prend le *Siècle de Louis XIV* tout entier. L'arrêté excluait aussi des Commissions d'examen le proviseur et le censeur du collège, pour éviter « dans ces temps de défiance, le soupçon d'une partialité involontaire ». Les candidats purent voir avec déplaisir l'introduction de la version latine ; mais une circulaire avertissait. que les Facultés consultées avaient proposé, les unes deux compositions, les autres trois, les autres quatre, les autres cinq. Ils durent se croire très heureux.

De 1840 à 1852, il survient des changements dans l'examen et dans les conditions d'admission à l'examen. Les premiers sont significatifs, quoiqu'ils respectent les cadres des programmes ; les seconds sont très graves. Parlons d'abord des changements intérieurs. Un arrêté du 4 janvier 1847 (ministère Salvandy) ordonne que le programme du baccalauréat ès lettres sera immédiatement revisé et réduit, le nouveau programme devant être en vigueur aux vacances de 1848. Il paraît le 15 janvier de l'année 1848. On y remarque principalement la suppression des *Provinciales* et des derniers chapitres du *Siècle de Louis XIV*, où l'auteur raconte les querelles du temps, et d'une question de philosophie, « la vraie méthode philosophique ». Le 25 mars de la même année (ministère Carnot), deux mois après, ces trois choses sont rétablies ; bientôt dans l'histoire moderne est introduite la révolution française jusqu'en 1814. Le 26 novembre 1849 (ministère Parieu), programme qui supprime les trois questions supprimées en janvier 1848 et rétablies en mars. La littérature perd l'histoire littéraire, mais elle passe avant la philosophie. La philosophie perd la partie d'histoire et l'introduction, qui parlait de son importance, elle gagne une question sur le fondement de la propriété et du droit civil. En sciences, malgré des réductions apparentes, il n'y avait de réduit sérieusement que la cosmographie.

Pour les conditions d'admission à l'examen, une

ordonnance du 1er janvier 1847 (ministère Salvandy) supprime les commissions des lettres, com-
posées, comme on sait, de professeurs des lycées.
Le 16 novembre 1849 (ministère Parieu), un décret
supprime le certificat d'études pour le baccalauréat ès lettres. La loi du 15 mars 1850 maintient
cette suppression, et pour le candidat, la permission de choisir la Faculté devant laquelle il se
présente.

L'année 1852 est l'ère nouvelle du baccalauréat.

L'arrêté du 9 avril (ministère Fortoul) rétablit le
baccalauréat unique pour les sciences ; celui du
10 avril dispense les candidats au baccalauréat ès
sciences de produire le diplôme de bachelier ès
lettres ; celui du 5 septembre réorganise le baccalauréat ès sciences ; celui du 7 septembre le baccalauréat ès lettres.

Dans les deux baccalauréats, il y a une partie
littéraire et une partie scientifique ; il y a une
épreuve écrite, décisive, et une épreuve orale ; l'é-
preuve écrite comprend, dans les deux cas, une version latine, à quoi s'ajoute une question de science
pour le baccalauréat ès sciences, et, pour le baccalauréat ès lettres, une composition française ou
latine, au sort. Dans l'épreuve orale, beaucoup de
lettres et peu de sciences, ou peu de lettres et
des sciences à l'infini. Le diplôme est exigé

pour les Ecoles polytechnique, militaire et forestière, et pour l'Ecole de médecine. Notons un détail dans l'épreuve orale. La philosophie, sous le nom de logique, se réduit, pour le baccalauréat ès sciences, à quelques notions de logique : dans le baccalauréat ès lettres, elle perd l'histoire de la philosophie et tient tout entière dans trois questions, par un mouvement contraire à celui qui de la petite phrase écrite de l'examen d'autrefois a tiré une version en forme et un discours latin. Plus on compare le double baccalauréat et son étendue à son humble origine, plus on admire l'ordre des choses, qui a employé trois révolutions à faire cela, pour prouver le progrès de l'esprit humain et la perfectibilité indéfinie de l'écolier français.

En fait d'habileté aussi, l'écolier français passe quelquefois les ministres. Pour empêcher la désertion des études à Pâques, un arrêté du 15 juillet 1854, expliqué par un autre arrêté du 24 janvier 1855, interdit l'examen d'avril aux candidats nouveaux. On pensait qu'ils ne se présenteraient qu'au mois d'août suivant ; mais ils se présentèrent au mois de décembre précédent, même sans aucune chance, simplement pour n'être plus nouveaux et avoir droit à la session d'avril. Les choses de ce monde tournent parfois autrement qu'on ne croit, et on n'a jamais fini de réparer une maison mal bâtie.

Je voudrais bien savoir ce qu'est devenu l'arrêté du 28 août 1838 qui défendait d'afficher des préparations au baccalauréat.

II.

Résignons-nous à voir les choses telles qu'elles sont. Que voulait-on par le baccalauréat ? Peupler les classes et assurer des études sérieuses. Or, les études sérieuses sont abandonnées et les hautes classes désertées précisément pour le baccalauréat. C'est donc parce que nous voulons encore des jeunes gens instruits qu'il ne faut plus vouloir le baccalauréat tel qu'il est.

Pour que l'examen de sciences ou de lettres fût mûrement préparé, on a dû, dès le principe, établir deux prescriptions : la limite d'âge et le certificat d'études.

La limite d'âge a toujours été fixée, mais à seize ans. L'élèvera-t-on jusqu'à dix-sept ou dix-huit ? Premièrement on ne pourra pas dépasser ce terme, puis, par l'événement, c'est déjà entre dix-sept ou dix-huit ans que la majorité des candidats se présentent ; enfin, si la loi accorde la dispense d'âge,

comme cela se fait, les demandes afflueront, souvent justes, toujours suffisamment appuyées, et
l'exception deviendra la règle.

Le certificat d'études a eu sa valeur tant qu'a
duré le prestige de l'autorité universitaire ; mais
lorsque cette autorité a été attaquée, lorsque la liberté d'enseignement a été réclamée et qu'en
même temps les familles ont moins tenu à de fortes
études pourvu que la carrière de leurs enfants
se fît, le certificat des études domestiques s'est
multiplié, c'est-à-dire que les parents attestaient
comme études régulières faites sous leurs yeux
des préparations hâtives, et que l'administration
municipale, chargée de vérifier le fait sans en
avoir les moyens, l'attestait à son tour. C'était
donc un mensonge légalisé, fâcheux pour la loi qui
était trompée, fâcheux pour les parents qui con-
sentaient à mentir, fâcheux pour les enfants qui,
pour dernière leçon, recevaient cet exemple.

Les précautions spéciales pour assurer le sérieux du baccalauréat ès lettres sont l'épreuve
écrite et d'abord la composition. Sera-t-elle française ou latine ? C'est le sort qui en décidera. Rien
que cela. Si vous avez la main heureuse, vous
serez dispensé de savoir écrire en latin ; et comme
les joueurs les plus malheureux ne le sont pas
toujours, avec la résolution de courir la chance

jusqu'à ce qu'on tirât une composition française, on pouvait négliger absolument l'autre, et se contenter de pratiquer le français commun avec lequel on se sauve en ce monde. La chance a été ôtée depuis et la composition latine exigée seule ; je la retrouverai. Quant aux compositions latines qui affrontent l'examen, Dieu seul sait quel est, sur ce point, la tolérance des examinateurs ; et celles qui sont admises jugent celles qui sont rejetées. La version latine avait semblé autrefois une épreuve suffisante de latin et de français. Quoique plus modérée, cette condition d'une version qui exclut est discutable. Il y a eu de bonnes raisons pour l'établir, il y en a de bonnes pour la lever. Ce sont celles dont je suis frappé pour mon compte. J'ai déjà remarqué, dans ma première lettre, que l'épreuve écrite a, dans le fait, presque entièrement annulé l'épreuve orale : c'est un mal ; ensuite, si on considère l'émotion extrême qui, aux examens, saisit tout le monde et surtout certains candidats, il serait juste de leur laisser le moyen de se reprendre dans des explications où le juge serait libre d'insister. Et il n'y aurait pas de mal à spécifier que le texte de la version serait pris chez les auteurs expliqués dans les classes, pour écarter les surprises, pour imprimer chez les élèves l'idée que leur examen ne se fait pas un jour en deux heures, mais chaque jour pendant des années, et les forcer de faire longtemps d'avance attention à des textes qu'ils retrouveront peut-être à l'examen.

Reste l'épreuve orale. On sait par quelles vicissitudes elle a passé : d'abord point de programme, puis un programme court et compréhensif, enfin un programme extrêmement long et détaillé : telle est la progression. Aujourd'hui, le mouvement inverse commence ; on verra où il s'arrêtera. On conçoit l'utilité des programmes. Avant qu'ils eussent été proposés pour les classes et pour l'examen, le candidat était perdu dans l'espace, l'examinateur prenait un peu au hasard ou suivant ses prédilections, et le candidat, s'il répondait mal, pouvait toujours accuser l'examinateur d'avoir demandé des choses en dehors des études. Maintenant, les programmes étant arrêtés pour les classes et pour l'examen, et ceux-ci n'étant que ceux-là concentrés ou autrement disposés, le candidat n'a plus à réclamer contre l'examinateur et ne peut accuser que la chance. En fait de détails, on est allé naturellement dans l'excès. En ce moment, comme je disais, on en revient. Le programme du baccalauréat ès sciences, revisé par arrêté du 29 janvier de cette année 1857, laisse plus de latitude à l'examinateur et au candidat. Il est à craindre seulement qu'un même numéro comprenant plusieurs sciences, les candidats n'en sacrifient une ou deux pour se rattraper sur la troisième. Au surplus, les programmes n'ont pas l'importance qu'on peut croire. Tout dépend de l'examinateur, et l'examinateur dépend des circonstances. Tout dépend de l'examinateur : il peut, à propos d'une question d'histoire ou de géographie ou d'une explication latine ou grecque, s'il lui plaît, se contenter de réponses sommaires ; il peut, s'il lui plaît, entrer dans le fond et dans les difficultés. De là, avec les mêmes programmes dans toute la France, les réputations différentes des différentes Facultés, les unes réputées indulgentes, les autres sévères. L'examinateur dépend des circonstances, à son tour. A moins d'influences locales, qui tiennent à l'obstination d'un ou de deux professeurs, les Facultés sont plus ou moins exigeantes selon les temps, selon l'état des études, le nombre des candidats, l'opinion attachée aux diplômes et les besoins du service public.

Quant au baccalauréat ès sciences, il n'y a qu'une chose à en faire, c'est de le supprimer pour l'entrée aux Écoles spéciales, qui se recruteront comme elles l'entendront, et inséreront dans leurs programmes d'admission les connaissances qu'elles jugeront utiles, avec la liberté d'y attacher plus ou moins de valeur et de compenser toutes les épreuves dans un jugement général. J'ignore si ceux qui ont introduit la nouveauté que nous combattons se sont bien rendu compte de ce qu'ils faisaient. On exige le baccalauréat ès lettres pour les carrières littéraires, le baccalauréat ès sciences pour les carrières scientifiques. Or, les Écoles spéciales, sauf l'École de droit et l'École normale, pour la partie littéraire, reposant sur les sciences, ont, ou des programmes d'admission qui les comprennent, ou des cours qui les enseignent. Que fait-on donc quand on interroge, au baccalauréat ès sciences, les candidats à ces écoles? On s'assure qu'ils savent les choses qu'ils auront à dire ou à apprendre ailleurs ; on s'assure qu'ils savent, d'une manière quelconque, les choses qu'ils seront forcés de dire ou d'apprendre à fond ailleurs; car un examen général sans concours n'aura jamais l'exactitude qu'a un examen spécial avec un concours, comme il est établi pour plusieurs écoles ; ni les connaissances d'histoire naturelle, par exemple, qu'on acquiert pour l'examen du baccalauréat ès sciences, ne sont à comparer avec ces mêmes connaissances acquises à l'École de médecine. (Je ne parle plus des mathématiques exigées pour les futurs médecins, ce qui est hors de toute raison.) Il me semble qu'on fait complètement fausse route.

Au lieu de demander aux jeunes gens ce qu'on leur redemandera, il faudrait leur demander ce qu'on ne leur redemandera plus. On était dans ces sentiments lorsque, avant les règlements de 1852, sans exiger le baccalauréat ès lettres pour l'admission aux examens de l'École polytechnique et de l'École de Saint-Cyr, on tenait grand compte de ce diplôme aux candidats, et c'était justice. L'administration de ces écoles savait bien qu'elle formerait des mathématiciens, mais elle savait aussi que les études littéraires suivies finissaient là, et que, si on ne les avait pas déjà faites, ce n'était pas là qu'on les ferait.

III.

Laissons les détails : un caractère que le baccalauréat a pris et ne quitte plus, c'est d'être une encyclopédie. Lorsque le Satan de Milton veut réunir dans le Pandémonium ses anges innombrables, par un miracle il les aplatit ; les auteurs du programme actuel ont fait le même miracle : tout y tient, à condition que chaque chose y soit à peu près rien. Mais enfin, ce tout est un monde ; comment être assuré de le parcourir sans accident ? Aussi, à l'approche de l'examen, les familles s'agi-

tent d'une façon extraordinaire. On peut, si on
veut, s'amuser de cette course aux recommanda-
tions qui se fait alors et de la candeur des parents,
qui tous demandent grâce pour la timidité de leurs
enfants. Avant le baccalauréat, on ne se doutait
pas combien les jeunes Français sont timides ; et
je me rappelle le joli mot de M. Damiron, à qui
une mère recommandait son fils en excusant sa
timidité : « En quoi est-il timide ? » On peut encore, si on veut, se fâcher de cette mauvaise
leçon donnée aux jeunes gens, à qui on enseigne
à compter sur la protection. Mais, quand on se
sera amusé à loisir, je proposerai quelques réflexions. Comment s'étonner de l'extrême émotion
qui saisit les parents devant un examen, où un
premier échec est un préjugé contre leurs fils, et
des échecs multipliés une sorte de brevet d'inca-
pacité ; devant la nécessité de continuer encore
une année, des années, cette préparation languis-
sante ; devant un grade qui n'ouvre rien et qui
ferme tout ? Un jeune homme a plus d'un examen
à passer dans sa vie, et on ne prétend pas supprimer les examens, de peur de donner aux parents une mauvaise journée, mais je voudrais que
l'on prît les hommes connus dans les sciences et
dans les lettres, et qu'on leur enjoignît de se présenter au baccalauréat, pour voir combien il y en

aurait de reçus. Pour moi, si je m'honore d'autres grades, je me félicite tous les jours d'être bachelier.

Sait-on ce qui arrivera? c'est qu'après avoir exagéré le baccalauréat démesurément, on s'arrêtera un beau jour, et qu'on se demandera si c'était bien la peine de se donner tant de peine; si, faisant du grade de bachelier le signe de la science, on n'a pas abandonné la chose pour le signe de la chose; si enfin, gardant le baccalauréat comme le premier grade de l'enseignement, et le réservant à cette carrière, il n'y a pas lieu de laisser chaque carrière se recruter par ses examens. Peut-être, car nous sommes en France, ne faudrait-il pas vivre si longtemps pour voir cette réaction, et je sais des hommes de la plus grande autorité qui pensent que la France n'en mourrait point.

Je termine cette histoire et ces critiques par une pensée. On s'agite trop autour du baccalauréat; il faut se calmer. Le baccalauréat peut faire du bien, il peut faire du mal; il ne peut faire ni tout le bien ni tout le mal dont on le croit capable. Des bacheliers qui ont appris, mais qui ne veulent plus apprendre, ne sont pas une grande fortune pour un pays; on ne va pas loin avec cette première instruction : il reste, après cela, ou bien à se plonger dans les études classiques et à approfondir ce qu'on a effleuré, ou à se jeter dans des études plus présentes, d'histoire, de politique et d'économie politique, pour connaître les affaires et la marche de ce monde, respectant ici et là ceux qui savent véritablement, portant dans la vie privée un agrément sérieux que donne la culture de l'esprit, dans la vie publique la réflexion. Or, de quoi dépend-il qu'on prenne le parti d'étudier après le collège? Cela dépend de l'enseignement du collège même et de l'état de la société où on tombe quand on en sort. L'enseignement a-t-il été tel qu'on ait le goût de la science ou le dégoût? La société estime-t-elle la science ou la néglige-t-elle? Voilà ce qui décide. Quand autour de vous tous les hommes courent au bien-être, à la richesse, il faut se tenir bien ferme pour résister ; quand tous les hommes courent à tout ce qui brille, il faut bien du courage pour garder au fond de son cœur la flamme ignorée et solitaire. Mais elle vous réchauffe, et c'est le foyer de ceux qui n'en ont guère d'autre ici-bas, un foyer où habite le repos et que visite quelquefois la poésie.

Vous voyez, mon cher et ancien collègue, qu'en proposant la réforme particulière du baccalauréat, je n'y ai pas une confiance illimitée. Un examen est un accident d'un jour, tandis qu'on respire dix ans l'air d'un collège, et tout le reste de sa vie l'air de la société où on vit. Je ne puis rien sur la société, et la plupart des hommes n'y peuvent rien : elle va par ses lois, elle va par l'action et la réaction, comme l'Océan par le flux et le reflux ; du moins nous pouvons quelque chose sur le collège. Je désire que ma prochaine lettre, où je vous donnerai l'histoire des plans d'études, serve à cela.

(28 février 1857.)

HISTOIRE DES PLANS D'ÉTUDES

J'entreprends une sorte d'histoire des variations des plans d'études. Elle sera ce que la feront ceux qui la liront : pour les uns des détails de collège, pour les autres un chapitre négligé de l'histoire de France. Les Français y sont ce qu'ils sont partout : dès qu'ils ont planté un arbre, vite ils l'arrachent, et chez eux, quand la politique change, tout change ; or elle change quelquefois. On peut donc voir ici le caractère national perpétuel, et, dans un espace de cinquante années, l'esprit des temps, le travail de l'opinion, les tendances des gouvernements, leurs sympathies et leurs antipathies, les alliances naturelles de certains enseignements avec certaines formes politiques, tout cela naïvement accusé, dans un pays où il faut une révolution pour relever la cloche et une autre révolution pour rétablir le tambour. Les gouvernements partent d'une idée qu'ils regardent comme entièrement vraie, et qui ne l'est qu'à moitié. Ils croient que tenir l'enseignement c'est tenir tout. Ils comptent sans la nature humaine, qui ne se laisse pas faire comme on veut, et sans la société, qui dérange bien des choses dans les éducations, surtout dans les éducations artificielles. Comptez les gouvernements qui se sont succédé chez nous depuis soixante ans ; ils ont élevé des générations pour leurs successeurs. Ce qui est incontestable, c'est qu'entre les enseignements plusieurs ont un caractère dont ne s'accommodent pas tous les régimes : telles sont la philosophie et l'histoire. Quant aux sciences, elles annoncent une société dont l'activité se tourne vers la terre, des intérêts nouveaux, une puissance nouvelle, et toutes les fois que la société ancienne revient, elle ne les voit pas avec plaisir ; suspectes, comme sortant de la révolution, elles sont refoulées avec elle et reviennent avec elle, jusqu'à ce qu'on s'aperçoive qu'elles ne sont pas la révolution, mais un de ses instincts, et qu'en flattant celui-là, on la distrait des autres.

I

Jusqu'à la création de l'Université, au règlement de 1809, les lettres et les sciences sont séparées. La Convention (25 février 1795) décrète l'établissement d'*Écoles centrales* pour l'enseignement des sciences, des lettres et des arts. Les arts professionnels disparurent bientôt. L'enseignement consiste en cours publics ; il est divisé en trois sections : la première, pour les enfants de douze ans accomplis, comprend les langues anciennes, au besoin les langues vivantes, l'histoire naturelle et le dessin ; la deuxième, pour les enfants de quatorze ans, les éléments des mathématiques, de la physique et de la chimie ; la troisième, pour les élèves de seize ans, la grammaire générale, les belles-lettres, l'histoire et la législation. On remarquera les sciences placées assez singulièrement dans les deux années de quatorze à seize, entre les cours de lettres, avant et après. Ces écoles s'organisèrent très difficilement : privées de pensionnats, en forme de cours de Faculté, sans discipline scolaire, ne prenant les enfants qu'à douze ans et les classant par l'âge, non par le progrès, elles ne remplaçaient pas les anciens collèges. Le Directoire tâcha de les vivifier : il annonça (17 novembre 1797) qu'il ne promettait de places et d'avancement qu'à ceux qui fréquenteraient l'une des Écoles centrales et qui y enverraient leurs enfants ; il y jeta toute une population de candidats. Si elles n'avaient pas donné ce qu'on en attendait, elles avaient du moins fait connaître davantage les sciences exactes et les sciences d'observation. L'*École centrale des travaux publics* (créée en septembre 1794, depuis *École polytechnique*), avait, de son côté, servi la même cause. « On lui doit, dit Fourcroy en 1802, les grandes études faites en mathématiques, le goût si répandu de cette science, et la formation d'une foule d'écoles où on les enseigne aujourd'hui. » A côté des Écoles centrales, il y avait une institution organisée en collège : c'était le *Prytanée français*. Il fut décrété sous le Consulat, le 22 mars 1800. Le Prytanée ne recevait que des boursiers, enfants de militaires. En voici le régime, et l'origine de la bifurcation. Deux sections, la première d'enfants au-dessous de douze ans, réunis dans une éducation commune. A l'entrée de la seconde section, les élèves destinés à la carrière militaire, distingués ainsi par leur choix, le choix de leurs parents et de leurs maîtres, se séparent. Les élèves destinés à la carrière civile sont distribués en quatre, classes, dont deux d'humanités (latin, grec,. histoire), la troisième de rhétorique, et la quatrième de philosophie. Dans la classe de philosophie, ils sont formés à l'art de raisonner par les principes de la dialectique ; pour donner à leur jugement une plus grande exactitude, ils ajoutent à ces. exercices un cours de géométrie élémentaire. Les élèves destinés à la carrière militaire sont partagés dans l'ordre de leurs progrès,, en trois classes au moins : la physique, la chimie, l'astronomie étant enseignées dans la, dernière,. avec des applications à l'art militaire. Les élèves des sections civile et militaire étudient en commun l'allemand, l'anglais ; les élèves de la section militaire reçoivent à part des leçons d'armes et de danse. La danse était un privilège, et les élèves des lettres étaient sacrifiés.

Le 1er mai 1802 est présentée une loi générale sur l'instruction publique, portant, création d'un lycée au moins par arrondissement de tribunal d'appel. Le temps était aux sciences. Aussi le rapport de Fourcroy fait une critique amère des études de l'ancien, régime. « La seconde année de cette philosophie des collèges, consacrée à la physique,, n'en portait presque que le nom. Quinze ans avant la suppression des Universités, à peine y avait-on ébauché un véritable enseignement de mathématiques et de géométrie. Six mois tout au plus étaient accordés à ces sciences, qui auraient dû occuper trois ou quatre années de la jeunesse. Sur trois ou quatre cents écoliers, il s'en trouvait quelquefois deux ou trois dont l'application et l'intelligence, ou dont une disposition particulière favorisaient assez le progrès pour leur faire tirer quelques profits de cette étude, et pour décider leur goût. Au lieu d'un cours de physique et d'histoire naturelle, un démonstrateur ambulant venait montrer quelques phénomènes électriques ou magnétiques, quelques expériences dans le vide, la circulation du sang dans le mésentère d'une grenouille, le spectacle du grossissement de quelques objets par le microscope. Là se bornait l'étude de la nature dans les collèges, et l'on décorait ces séances de quelques heures du nom de physique, parce que, quelques mois auparavant, on avait dicté des cahiers de théories et d'explications, qui n'étaient que des mots vides de sens pour la majorité des élèves. Je n'ai point chargé le tableau ; j'ai dit ce que j'ai vu, ce que plusieurs de ceux qui m'écoutent ont vu comme moi. »

Le plan d'études de 1802 inaugure dans l'instruction publique la bifurcation essayée au Prytanée. L'arrêté du 10 décembre en organise le système. Les études sont communes jusqu'à la cinquième inclusivement ; on y apprend le latin et les quatre règles de l'arithmétique ; après la cinquième la séparation se fait. Le cours littéraire comprend six classes, de la sixième à la rhétorique ; le cours scientifique six classes, de la quatrième aux mathématiques transcendantes, qui durent encore deux ans. Mais les six années, littéraires et scientifiques, peuvent être parcourues en trois. Dans le cours littéraire, on voit latin et français, avec les exercices actuels (le grec ne paraît pas encore), l'histoire et la géographie. Dans le cours scientifique, les mathématiques tout le temps, puis successivement les éléments des sciences naturelles, les unes et les autres pour l'utilité industrielle, le levé des plans et le tracé des cartes géographiques. L'opinion se prononça fortement contre cet envahissement des mathématiques, comme le constate l'exposé des motifs de la loi de 1806, qui méditait un autre système.

Avec l'Université tout change. Déjà loin de ses premières études mathématiques, Napoléon n'envisageait plus les lettres et les sciences que comme des puissances égales de l'esprit humain et les futurs ornements de son règne. Dans le règlement de 1809 (complété bientôt), les élèves commencent les mathématiques en même temps que les humanités, pour continuer les deux jusqu'à la fin. Auparavant, c'était en quatrième que les lettres et les sciences se séparaient ; c'est en troisième qu'elles se réunissent. Le cours d'études se divise en sept années, deux de grammaire, deux d'humanités (le grec commence), une de rhétorique, une de philosophie, une de mathématiques spéciales. Il fut entendu qu'un élève n'entrerait dans une classe de lettres que s'il savait les mathématiques correspondantes, « parce que c'est principalement par la réunion de ces deux genres d'instruction, portés chacun au degré convenable, que les lycées doivent se distinguer des autres établissements. » (14 juin 1811.)

Cette union est ébranlée par la Restauration. On devine de quel côté elle inclinera. Un arrêté de 1814 (28 septembre) recule jusqu'à la seconde l'étude des mathématiques, laissant une seule leçon de sciences naturelles aux élèves de troisième, de seconde et de rhétorique. Bientôt (30 septembre 1815, ministère de l'abbé de Montesquiou), le cours de mathématiques est rejeté en dehors des heures ordinaires des classes, pour être placé où il pourra, et mettre les élèves en état de suivre la leçon de sciences naturelles. Deux actes de 1821 (ordonnance du 27 février et arrêté du 5 septembre, ministère Corbière) rejettent les sciences tout à la fin, dans deux années de philosophie. Je me trompe, on dictait en quatrième et en troisième des thèmes sur l'histoire naturelle. Les élèves pouvaient, s'ils renonçaient aux grades, après la quatrième, passer directement en philosophie. Cela était net ; mais il paraît qu'il y eut des réclamations. Dès la même année (10 novembre), la leçon unique de sciences naturelles est rétablie, et, le cours de philosophie étant réduit à la première année, les sciences prennent l'autre tout entière.

En 1826, les lettres et les sciences s'allient de nouveau (16 septembre) à partir de la seconde ; on revient au régime de 1814. M. de Frayssinous en disait le motif : « Les dispositions du statut dernier, relatives à l'enseignement des sciences physiques et mathématiques, n'ont obtenu jusqu'à présent que des résultats incomplets. » De la seconde, elles passent à la troisième, au commencement de 1830 (3 avril, ministère Guernon-Ranville) ; en 1833 (ministère Guizot), elles montent encore dans la quatrième, l'histoire naturelle occupant déjà les deux classes précédentes.

En 1840, l'harmonie des lettres et des sciences est de nouveau troublée. Préoccupé de la perfection de l'esprit, qui veut toutes les études en leur temps, M. Cousin reporte les sciences dans la philosophie, à laquelle il aurait voulu donner deux années, les élèves de philosophie étant répartis en deux cours, l'un plus fort, l'autre plus faible, selon leur besoin. Le plan était simple, mais les nécessités se firent sentir, on craignit pour les Écoles spéciales. Il fallut donc, pour ceux qui le voudraient, rétablir d'une façon quelconque les conférences préparatoires de sciences depuis la quatrième, et organiser, à côté du cours de philosophie, un autre cours moins élevé.

L'arrêté de 1841 (14 septembre, ministère Villemain) rend les conférences obligatoires à partir de la troisième; l'arrêté de 1847 (5 mars, ministère Salvandy) les rend obligatoires à partir de la quatrième; et nous voilà, par un tour, revenus à 1833, comme en 1826, par un autre tour, nous étions revenus à 1814. MM. de Salvandy, de Vaulabelle et Lanjuinais, reprenant l'idée de M. de Vatimesnil autorisent un enseignement spécial, pour l'industrie et le commerce, auxquels ils ajoutent les Écoles, et avec des programmes de trois années qui sont les programmes de la section scientifique actuelle. Ce sont peut-être les mêmes savants qui ont aidé ces différents ministres.

En 1852 (10 avril) paraît le système d'études que l'on sait et qui nous régit.

Résumons cette histoire. En 1802, séparation des lettres et des sciences ; en 1809, égalité ; de 1814 à 1821, primauté des lettres ; en 1826, retour à l'égalité ; en 1840, retour à l'inégalité, par la primauté des lettres, mais aussitôt, rentrée détournée des sciences ; en 1852, divorce complet comme en 1802. Le cercle est révolu. Fontenelle avait raison de dire : « Les sottises des pères sont perdues pour les enfants. »

Voulez-vous suivre plus aisément encore les courants de la politique ? Suivez les chances par lesquelles la philosophie et l'histoire ont passé. A partir du plan d'études de 1812, qui ne mentionne pas la philosophie, et des règlements de l'Université, qui l'établissent dans tous les lycées, mais comme exercice de dialectique, sa fortune n'est-elle pas exactement celle du libéralisme ? Il n'y a qu'à citer quelques dates. 1821 (ministère Corbière), elle sera enseignée en latin ; en 1829 (ministère de M. de Vatimesnil, qu'on retrouve à l'origine de toutes les mesures libérales), le retour à l'enseignement en français est annoncé ; même année (ministère Montbel), l'enseignement en latin est maintenu et fortifié par l'argumentation latine ; 1830 (11 septembre), l'enseignement et l'argumentation en latin supprimés, la dissertation latine maintenue, le prix d'honneur passant à la dissertation française; 1832, le programme latin du baccalauréat remplacé par le programme français; 1849 (ministère Parieu), histoire de la philosophie supprimée ; 1852 (ministère Fortoul), la philosophie appelée logique et réduite à trois questions.

Pour l'histoire, qui, en 1802, avait une place honnête, le fondateur de l'Université ne paraît pas avoir voulu lui donner un trop grand essor. En 1809, après l'histoire sainte enseignée en cinquième, tout ce qu'on trouve est une recommandation aux professeurs de lettres, en troisième et en seconde, de diriger les lectures de leurs élèves de manière à leur donner les principales notions de l'histoire ; 1814, elle est régulièrement enseignée, répartie de la sixième à la rhétorique inclusivement, et confiée, dans plusieurs collèges. dès la quatrième, à un professeur spécial; 1820, sous le ministère Siméon et l'influence de M. de Corbière, président du Conseil de l'Université, une circulaire détermine la direction à suivre : « Le but de l'enseignement de l'histoire est surtout moral. Le professeur d'histoire ancienne s'appliquera spécialement à faire chérir aux élèves le gouvernement monarchique sous lequel ils ont le bonheur de vivre. Le professeur d'histoire moderne, qui s'occupe principalement de l'histoire de

France, s'attachera à fortifier de plus en plus, dans le cœur des élèves, les sentiments d'amour pour la dynastie régnante, et de reconnaissance pour les institutions dont la France lui est redevable. » Les gouvernements se suivent et se ressemblent quelquefois. Un catéchisme de 1811, seul prescrit pour toute l'étendue de l'Empire, appliquant le précepte : « Tes père et mère honoreras » à l'Empereur, mettait entre les devoirs de respect, d'obéissance, d'amour, « les tributs et le service militaire », afin de vivre longuement. En 1821 l'histoire disparaît de la rhétorique, de la seconde en 1826 ; elle s'arrête, comme on voit, de bonne heure, et n'est préoccupée que de l'histoire de l'Église ; point de rédactions écrites : des résumés appris par cœur ; 1829 (ministère Vatimesnil) elle est retranchée dans les classes inférieures et portée dans les hautes classes : dans les classes inférieures « les esprits ne sont pas assez mûrs pour tirer de cette étude tout le fruit désirable ». Le cours dut ne se terminer qu'après la classe de rhétorique, où le professeur avait particulièrement à faire connaître le génie et l'influence de la France ; 1830 (3 avril, ministère Guernon-Ranville), elle va de la cinquième à la rhétorique inclusivement ; 1833 (ministère Guizot), elle est enseignée dans toutes les classes, à partir de la sixièmè et par un professeur spécial; 1848 (ministères Carnot et Vaulabelle), l'histoire moderne est portée jusqu'en 1814; 1852, point de rédactions écrites : des résumés appris par cœur.

II.

Qu'y a-t-il de nouveau dans le plan actuel d'études? Le ministre[1] qui le propose annonce qu'il revient au système de 1802, du Consulat, et que l'enseignement est rajeuni. Rajeuni en effet, car il lui ôte cinquante ans. Je crains qu'au lieu d'un rajeunissement, ce ne soit qu'un retour de jeunesse; et il y en a de bien dangereux.

Cela dit, examinons le plan d'études en lui-même. Il est jugé par quelques principes que je rappellerai ici.

1º Il paraît admis par tout le monde qu'un homme qui a reçu une éducation doit savoir un peu des lettres et un peu des sciences, afin de s'intéresser à toutes les choses de l'esprit. Il faut qu'au théâtre il ne soit pas étranger; il faut aussi qu'à propos des merveilles de l'industrie, de la va-

[1] M. Rouland.

peur, de la lumière, de l'électricité, il soit capable de suivre une explication au moins jusqu'au point où elle se perd dans les formules. Les journaux et les revues ont fait cette double part.

2° Il est moins généralement admis, mais c'est une vérité d'observation constante chez tous les hommes qui se sont occupés d'enseignement, que, sauf des vocations particulières, exclusives, les meilleurs esprits ne sont pas ceux qui ont pratiqué seulement les lettres ou seulement les sciences, mais ceux qui ont pratiqué les deux. Pourquoi? La gymnastique le sait. Un seul exercice n'exerce pas assez; aussi, quand elle forme des jeunes gens, elle en exige l'effort et l'effort varié; elle ne donne pas la force ou la souplesse à un membre pour servir dans une occasion prévue, elle donne, ce qui vaut mieux, une vigueur et une habileté qui suffiront à tout. On devra donc tenir au double enseignement scientifique et littéraire, si on tient à la perfection de l'esprit humain; on devra y tenir même pour l'application, pour la pratique, où l'intelligence ne gâte rien.

En réfléchissant sur les systèmes d'instruction, il m'est souvent revenu à la mémoire cette scène de Molière, dans son *Malade imaginaire*, que tout le monde connaît, mais que je demande la permission de redonner ici:

« Toinette. Que diantre faites-vous de ce bras-là ?

Argan. Comment ?

Toinette. Voilà un bras que je me ferais couper tout à l'heure, si j'étais que de vous.

Argan. Et pourquoi ?

Toinette. Ne voyez-vous pas qu'il tire à soi toute la nourriture, et qu'il empêche ce côté-là de profiter ?

Argan. Oui ; mais j'ai besoin de mon bras.

Toinette. Vous avez là aussi un œil droit que je me ferais crever si j'étais à votre place.

Argan. Crever un œil ?

Toinette. Ne voyez-vous pas qu'il incommode l'autre, et lui dérobe sa nourriture ? Croyez-moi, faites-vous le crever au plus tôt ; vous en verrez plus clair de l'œil gauche.

Argan. Cela n'est pas pressé.

Béralde. Voilà un médecin vraiment qui paraît fort habile.

Argan. Oui, mais il y va un peu bien vite.

Béralde. Tous les grands médecins sont comme cela.

Argan. Me couper un bras et me crever un œil, afin que l'autre se porte mieux ! J'aime bien mieux qu'il ne se porte pas si bien. La belle opération de me rendre borgne et manchot ! »

Nous avons de notre temps, comme du temps

de Molière, de grands médecins, et qui nous conseillent de nous crever un œil pour fortifier l'autre; seulement, voici la différence. Les nôtres s'accordent tous sur un point, c'est qu'il faut crever un œil; mais les uns veulent crever l'œil droit, les autres veulent crever l'œil gauche, et nous, nous sommes plus dociles qu'Argan : nous nous laissons crever l'œil que la mode veut, pour ne pas être ridicules. Résigné à l'être, je tiens à la fois pour le gauche et pour le droit : on n'a pas trop de ses deux yeux pour bien voir en ce monde.

3° Il est sage de proportionner l'instruction aux enfants qui la reçoivent, d'attendre, pour s'adresser à une faculté, qu'elle soit éveillée : mémoire, imagination, raisonnement; aussi, il faudra apporter une discrétion extrême dans la répartition des objets de l'enseignement selon les âges, se conformant exactement à la nature, qu'on ne force jamais sans en être puni. Tirera-t-on de là que les sciences, s'adressant au raisonnement, doivent être placées à la fin des études, avec la philosophie ? Non, si on fait la réflexion suivante. Dans les sciences mathématiques, il est permis d'aller plus ou moins loin, et de prendre ou de négliger plusieurs parties. Dans les sciences de faits, il y a plusieurs profondeurs : l'une très re-

culée, où on ne descend que par une grande entreprise, les autres moins sévères, et demandant de
moins en moins d'efforts, jusqu'à la surface, qui
est éclairée de la lumière commune. Tout le
monde ne peut pas toutes choses : tel âge et tel
esprit vont jusqu'ici, tel autre jusque-là ; on peut
entrer sans être de force à aller jusqu'au fond.
Pourquoi donc, au lieu de tenir une science cachée
jusqu'à ce qu'on puisse la découvrir en entier, ne
pas en donner diverses vues, à chaque vue l'esprit se rappelant les précédentes, mais voyant
enchaînées certaines choses auparavant éparses,
et désirant connaître encore davantage?

4° Les sciences sont une chose excellente, mais il
y a quelque chose qui vaut encore mieux : l'intelligence qui a fait les sciences et les perfectionne
chaque jour. Voyons donc comment on a entendu
l'enseignement nouveau.

On interdit de définir ce qui est simple, de démontrer ce qui est évident, de chercher des démonstrations subtiles au lieu de se contenter de
démonstrations naturelles : c'est bien ; on intéresse
les élèves en leur découvrant les applications des
vérités qu'ils ont apprises et même en les mettant à
l'œuvre, comme pour le levé des plans et le nivellement : c'est bien encore ; mais, pour le reste, en-
tendons-nous, il y a deux choses dans une science :

le corps et l'esprit. Le corps, ce sont les faits et les vérités ; l'esprit, c'est la faculté qui embrasse toutes ces vérités, s'y reconnaît, pour se rendre compte de celles qui existent et en trouver d'autres. Vous pourriez savoir tous les faits de l'histoire, toutes les vérités de la philosophie, toutes les propositions de la géométrie, que vous n'auriez l'esprit ni de l'histoire, ni de la philosophie, ni des mathématiques : pour la philosophie, le sentiment des problèmes et la méthode ; pour l'histoire, la pénétration ; pour les mathématiques, la logique qui enchaîne la dernière proposition à la première, le scrupule pour se rendre perpétuellement raison, la patience d'aller pas à pas, la puissance d'abstraire et de généraliser, l'habileté des constructions qui rendent les démonstrations plus faciles, l'adresse à résoudre les problèmes. Il y a pareillement les affaires et l'esprit des affaires, la guerre et l'esprit de la guerre, la médecine et le tact du praticien, qui voit, qui devine, qui applique avec discernement. Franchement, sans cet esprit, qu'est-ce que la science, qu'est-ce que l'art ? ou plutôt y a-t-il une science et un art ? Il ne s'agit pas de former des génies, on le sait, il s'agit de former des hommes ; mais les génies sont des hommes d'abord : ils ont des facultés plus puissantes que les nôtres, mais ce sont nos facultés ; ils ont une vue plus perçante que la nôtre, mais ils voient avec nos yeux. Sans prétendre à leur rang, on peut toujours développer en soi les qualités qui les élèvent, et, en attendant que le génie vienne, il n'est pas mal de se servir de l'esprit qu'on a. Le père de Pascal ne prévoyait pas ce que son fils serait un jour, mais il l'élevait pour être tout ce qu'il pourrait être. « Sa principale maxime, dans cette éducation, dit Mme Périer, était de tenir toujours cet enfant au-dessus de son ouvrage. » Et c'est en effet là tout le secret. Celui qui est engagé dans son ouvrage est un manœuvre ; celui qui est au-dessus de son ouvrage fait cela et il est capable de faire autre chose ; il y est à la façon dont l'âme est dans le corps, mouvant un membre, mais comme de haut, restant à elle-même, dominant son opération, exécutant cela avec une force qui peut plus, mesure le mouvement qu'elle donne et le porte où il lui plaît. Vous donc, comme le père de Pascal, tenez toujours l'enfant au-dessus de son ouvrage ; cet enfant saura ce que les autres savent, et il aura ce que les autres n'ont pas : d'abord la raison de ce qu'il fait, puis la liberté d'un esprit vigoureux qui ne s'emploie tout entier nulle part et s'exerce partout à faire plus. L'esprit n'est pas un magasin, c'est un instrument.

Je reviens à ma question.

Comment, dans le plan d'études actuel, a-t-on entendu l'enseignement des mathématiques? Est-ce comme un exercice puissant, une école excellente de raisonnement, ou comme une série de questions à épuiser pour les réciter à la porte des Ecoles ? Je demande si les examinateurs des Ecoles ont pour instructions de retourner les esprits en tous sens pour s'assurer qu'ils savent ce qu'ils disent, qu'ils possèdent les mathématiques par raison, et ne s'en sont pas tenus à la lettre? Je demande si les professeurs de mathématiques des collèges, formés par l'art ancien et nourris des anciens préjugés, trouvent leurs élèves disposés à les suivre dans la discussion des méthodes, dans la solution des problèmes curieux, ou si, toutes les fois qu'ils les invitent à ces travaux, ils ne trouvent pas des auditeurs distraits ou mal disposés pour tout ce qui n'est pas expressément spécifié au programme ? En attirant fortement l'attention des élèves sur l'avantage des mathématiques pour l'entrée dans les services publics et pour la pratique matérielle, en détournant leur attention de cet autre côté qui regarde la perfection de l'esprit, que fait-on ? Je vous le demande, mais on vous l'a dit : « des bêtes utiles. » Tout le monde cherchait ce mot; M. Saint-Marc Girardin l'a trouvé : un mot fâcheux dont vous ne pourrez plus vous défaire.

Tout enseignement mal fait est mauvais, particulièrement l'enseignement des mathématiques. Ce n'est pas une science indifférente, c'est une discipline; quand un esprit a passé par elle, il garde un pli. Si la science a été bien enseignée, en sorte que l'élève fût perpétuellement actif, se rendît toujours compte et des principes et des conséquences, il sort de là vigoureux; si la science a été mal enseignée, si l'élève a été perpétuellement passif, apprenant un à un les théorèmes, ne s'interrogeant pas, ne comparant pas, ne jugeant pas, il sort de là avec la plus triste habitude, l'habitude de répéter un raisonnement sans raisonner. Ce sera donc un très pauvre personnage, mais, je l'avoue, très commode à gouverner; car on lui donnera, pendant le reste de sa vie, des raisonnements tout faits où on mettra ce que l'on voudra sans qu'il y regarde, et qu'il répétera docilement et fièrement. Ensuite, rendez-le religieux comme vous l'avez rendu mathématicien, dispensez-le de penser quand il prie, qu'il récite avec ferveur des formules : ce sera un homme cela !

Selon les principes que je viens de rappeler et qui avaient longtemps dirigé l'instruction publique avant les découvertes de ces dernières années, on aurait un plan d'études naturel.

On pourrait commencer l'étude des sciences avec

l'étude des langues. D'abord les classifications de l'histoire naturelle, pour lesquelles les enfants sont merveilleux et qui occupent leurs promenades ; des calculs et des mesures qu'ils tiennent à faire avec précision, les mesures motivant de plus des excursions et un travail en plein air, à quoi tous les objets fournissent : la hauteur d'un arbre, l'étendue d'un champ ou d'une pièce d'eau, etc.; plus tard, les théories les plus essentielles de l'arithmétique, la géométrie plane surtout, et les commencements de l'algèbre, accompagnés des principales notions des sciences naturelles. Arrivés en philosophie, les élèves destinés au grade de bachelier ès lettres reverraient toutes ces matières, tandis que les autres, destinés aux Ecoles, iraient plus au fond et plus avant, selon la pratique du cours de mathématiques élémentaires. Une année, deux pour les moins forts, les prépareraient à l'Ecole de Saint-Cyr; quelques-uns pousseraient jusqu'au cours de mathématiques spéciales, en vue de l'Ecole polytechnique et de l'Ecole normale scientifique. Et quelque chose qu'on fît, on s'attacherait à former l'esprit.

Le succès des grandes choses dépend souvent de l'observation des petites. Je vais vous donner le même plan d'études dans deux collèges, par exem-. ple un enseignement scientifique dans les classes de troisième, seconde et rhétorique ; ce plan sera excellent ici, là détestable. Et pourquoi? Tout dépend de la mesure. Dans tel collège le professeur, voyant à quels jeunes cerveaux il a affaire, qu'il s'agit d'une simple initiation aux sciences et que rien n'est pressé, s'en tiendra aux éléments, aux notions générales les plus accessibles ; dans tel autre, le professeur, de plus haut vol, prétendra épuiser la matière, montrer le fin des sciences. Ne sait-on pas quelle différence il y a, à programme égal, entre un cours d'histoire et un cours d'histoire, entre un cours de philosophie et un cours de philosophie ; ne sait-on pas comment deux maîtres différents appliquent aux mêmes questions un enseignement de collège ou un enseignement de Faculté? Le plan d'études est quelque chose, le programme est davantage, l'esprit est tout, car c'est lui qui met la mesure. Joseph de Maistre, l'oracle, a inventé, entre autres, cette idée bizarre pour concilier les lois générales du monde avec l'efficacité des prières. Suivant lui, il y a, pour une année, une quantité de pluie fixée irrévocablement ; mais où et comment tombera-t-elle? Voilà ce qui est incertain et libre, et ce que les prières déterminent. C'est peu de chose, pense-t-on ; oui, relativement à Dieu, mais, relativement à nous, c'est différent ; ce qui importe ici est justement la façon dont l'eau se distribue, car, selon qu'elle tombe dans un endroit ou dans un autre, qu'elle tombe à gouttes ou à flots, elle humecte ou elle détrempe, elle arrose ou elle noie. Il en est ainsi de l'instruction. La quantité de science étant fixée pour l'ensemble des classes, l'important est la distribution, la mesure, par laquelle les esprits sont arrosés ou noyés.

Voilà pour les sciences ; voici pour les lettres.

La version latine est un très bon exercice. Cette nécessité de s'attacher à un auteur, de pénétrer sa pensée dans chaque phrase et de la suivre en confrontant toutes les phrases les unes avec les autres, cette nécessité donne à l'intelligence une forte logique. Il y a de plus ici le travail de la forme, qui est très précieux. Dans l'effort pour interpréter fidèlement un auteur sans rien lui ôter, sans lui prêter rien, pour traduire et le sens, et, ce qui est autant que le sens, le mouvement, la couleur, l'harmonie, la langue s'assouplit singulièrement et trouve des forces qu'elle ignorait. J'ajoute qu'en général les textes des versions sont intéressants et peuvent prêter à toutes sortes d'explications par lesquelles un professeur instruit captive les élèves.

Le discours français, quand on donne seulement le sujet et quelques notions d'histoire qui s'y rapportent, sert à trouver les idées et les sentiments qui conviennent à une situation particulière, et à les rendre ; il peut être utile pourvu que le professeur donne aux élèves la haine de la déclamation, l'amour de la vérité, et mette souvent sous leurs yeux les discours réels que fournit l'histoire. Ce qu'on appelle, dans les classes, amplification, cette matière où le professeur dicte toutes les idées du sujet et quelquefois commence les phrases, l'élève n'ayant plus qu'à amplifier la matière donnée et à achever dans le plus beau langage les phrases commencées, ce travail, pour le moins n'est pas profitable, et il risque d'être dangereux : il enfle l'esprit et le style, ce qui n'est point bon ! Je consens qu'on amplifie pourvu que, dans une classe qui viendra ensuite, on apprenne à resserrer. Mais j'oublie que dans les pensions de demoiselles, on leur donne maintenant des prix de style, et qu'il est juste que les hommes aient encore plus de style. On devra, ce me semble, goûter des compositions sur des sujets familiers aux élèves, où ils mettraient leurs observations, leurs impressions, leurs sentiments, leurs fantaisies, où, en un mot, ils se mettraient eux-mêmes, s'habituant à comparer ce qu'ils disent avec ce qu'ils sentent, essayant diverses formes pour le rendre mieux.

Pour le discours latin et les vers latins, je n'ai pas changé d'avis depuis ma première lettre,

parce que je ne pense pas que rien ait changé
depuis ce temps. Assurément, il n'est point méprisable de savoir une langue étrangère, et un ancien
disait bien que celui qui savait trois langues avait
trois âmes. J'accorderai donc qu'on peut penser et
écrire en latin ; je reconnaîtrai avec plaisir que
plusieurs des plus élégants esprits de notre temps
ont passé par ces exercices ; mais après que nous
nous serons entendus sur les mérites de la chose,
je dirai seulement : Faites qu'on la fasse. Pour
mon compte, je maintiens sur expérience que,
pour l'immense majorité des élèves, ce travail est
rebutant, qu'ils y échappent par tous les moyens
possibles, et que l'immense majorité de ceux qui
l'acceptent y ont peu de profit. Au point où ils peuvent atteindre, ils en sont réduits à penser en
français avec beaucoup de peine, pour traduire
cela avec beaucoup de peine en latin, et, dans
cette gêne extrême de penser et d'écrire, ils pensent et écrivent par à peu près. Leur latin est un
recueil d'expressions et de tours qui assiègent leur
mémoire et se battent aux portes pour se placer ;
d'ailleurs, ces expressions et ces tours sont de tous
les auteurs, de toutes les dates, et, tandis qu'ils
notent ce qui partout les a le plus frappés, comme
étant le plus éloigné de l'habitude, le courant uni
de la langue, c'est-à-dire la langue même leur

échappe ; ils font comme nous faisons quand nous
allons à l'étranger; croyant qu'il suffit de crier
pour nous faire entendre, et que nous parlons
anglais ou allemand quand nous parlons un mauvais français. Il va sans dire que le sujet donné
n'est qu'une occasion de produire son éloquence,
que le souci du vrai et du faux est assez léger en
cette affaire, et que les jeunes gens sont là à la
meilleure école qui se puisse pour apprendre à
parler à vide. Je reste convaincu que les vers
latins et les discours latins sont les seuls exercices
qui rebutent la plupart des élèves des lettres, et
qui empêchent la fusion entre les élèves des lettres
et les élèves des sciences ; que les uns et les autres
s'intéresseraient aux lectures, aux analyses, aux
compositions françaises sur des sujets qui leur
seraient familiers, aux critiques des auteurs
anciens, lus, pour le courant, dans des traductions,
expliqués dans les plus beaux passages. Les traductions sont une bonne chose, surtout comme les
font les professeurs de l'Université. J'admire la
circulaire de 1812, qui, les proscrivant, ajoute :
« Leur fidélité même est un tort, et leur élégance
les condamne. »

La langue et la littérature grecques me semblent
de beaucoup supérieures à la langue et à la littérature latines, mais elles sont de beaucoup plus

difficiles à lire : on y est, presque toute sa vie, écolier et commençant. En outre, le latin est plus nécessaire à connaître : il a longtemps été la langue des savants, la langue internationale ; origine des idiomes méridionaux, il en facilite extrêmement l'étude, et, origine du français, il l'explique à ceux qui le parlent. Par toutes ces raisons, le latin doit avoir une place considérable dans les études, bien au delà du grec. Qu'on maintienne donc l'explication des auteurs grecs et qu'on aille aussi loin que possible ; mais qu'on renonce au thème grec, comme on a renoncé au discours grec et aux vers grecs, qu'on n'aurait pas manqué d'introduire si c'eût été possible.

L'histoire est partout à sa place, depuis les classes de grammaire jusqu'à la classe de rhétorique comprise. Il faudrait enseigner l'essentiel, les faits généraux et ceux des faits particuliers que tout le monde doit connaître ; on animerait cet enseignement par des lectures ; on donnerait aux élèves l'esprit historique par des analyses des meilleurs historiens de notre temps, qui en a de premier ordre ; on les habituerait au grand art de la rédaction, simple, claire, vive, teinte de la couleur et du sentiment des choses racontées ; à la fin, on les conduirait sur les hauteurs, pour leur montrer le spectacle étonnant de ce monde et le sens de ses agitations, et pour leur donner la bonne volonté, à qui seule la paix a été promise ; enfin, si on voulait accorder à la philosophie du collège la place qui lui revient et l'y maintenir, elle ne serait ni une logique sans intérêt, ni une métaphysique subtile : solide, essentielle, elle serait un cours de spiritualisme, enseignant la spiritualité de l'âme, la liberté, l'immortalité, le devoir, le droit, Dieu et la Providence, défendant ces vérités contre les doctrines qui les nient ou les compromettent. Pendant un temps il a été de mode d'accuser la philosophie des collèges : on eût dit que le panthéisme était partout ; c'était quand on réclamait la liberté d'enseignement. Maintenant que la liberté d'enseignement est acquise, il n'y a plus qu'à être juste, et cela se fait chaque jour ; bien des préjugés sont tombés chez les esprits sincères : on apprend qui nous sommes en voyant qui sont nos ennemis.

J'avouerai ici une pensée qui m'a toujours préoccupé. Je désirerais, faisant attention à la nature des enfants, qu'en leur enseignant les langues, on tâchât qu'ils fussent moins passifs qu'ils ne le sont. Une grammaire est ennuyeuse à apprendre, elle est attrayante à faire, et les enfants la feront toutes les fois qu'un professeur voudra bien leur préparer le travail, les mettre sur la voie, les inviter à faire attention à une forme et à une autre, à en chercher les raisons. J'ai vu, pour mon compte, dans ces recherches, des classes entières de jeunes enfants montrer une ardeur inimaginable. L'explication étant l'occasion de ces découvertes, le thème serait l'occasion de les appliquer ; les esprits s'habitueraient ainsi à l'analyse des langues ; puis, avec les règles, ils apporteraient là uniquement les expressions et les tours qu'ils ont rencontrés. Il n'y aurait dans tout cela que deux victimes, la grammaire et le dictionnaire ; mais les enfants ont été assez longtemps victimes, et j'en ai plus de pitié.

Ce principe, de rendre les élèves plus actifs dans la classe, de les mettre de moitié dans l'enseignement, n'est pas seulement pour les classes inférieures ; il devrait être mis en vigueur jusqu'à la fin. Les enfants ne s'intéressent bien qu'à ce qu'ils font eux-mêmes, et le meilleur professeur est celui qui les met le mieux en œuvre. La classe la mieux faite est celle qui ressemble le moins à un cours de Faculté et le plus à une de ces promenades ou à un de ces voyages où un maître plein d'autorité, de science, de discrétion et de bonté pour la jeunesse, éveille sa curiosité, lui enseigne à voir, à chercher, à trouver, essaie dans toutes les circonstances son jugement et le rectifie, n'imposant point à ces mobiles esprits la roideur des exercices militaires, mais se pliant à leurs mouvements pour les former. L'intérêt donné à l'enseignement est encore la meilleure discipline, et, quand un maître a associé son souvenir à celui des premiers travaux d'une intelligence qui s'ouvre et sent qu'elle se forme, il ne doit pas craindre que ce souvenir s'efface. Entre le travail rebutant et le travail attrayant de Fourier, qui consiste à ne faire que ce qu'on veut, et quand on le veut à ne rien faire, il y a un milieu, le travail obligatoire, accepté comme moyen d'apprendre ce qu'on désire connaître. Pour que le travail soit bon, il n'est pas nécessaire d'y mettre de l'ennui.

Voilà le système d'études qui me semble préférable, et par les objets d'études et par la manière de les étudier. Sauf quelques sacrifices, comme le temps en demande toujours, ce n'est rien de nouveau : l'Université n'a qu'à revenir à elle-même. Qu'elle y revienne aussi en se proposant uniquement la meilleure éducation possible en attendant le reste.

Depuis quelque temps l'administration de l'Université paraît très préoccupée du chiffre des élèves des collèges. Tout est bien quand la raison vient d'abord et le nombre après ; mais le nombre sans la raison n'est rien d'estimable. On est toujours sûr de l'avoir quand on flatte la passion du jour sans regarder si elle est raisonnable ou déraisonnable,

et qu'on est prêt à changer avec elle. Dans un
temps où les carrières sont encombrées, où le soin
de placer ses enfants pour qu'ils vivent préoccupe si justement les parents, où tant de regards
sont tournés vers les écoles et les professions de
l'industrie, on a entendu proclamer que le nouveau
plan d'études menait tout droit là, et on y a couru ;
mais les années se passent, les enfants grandissent,
les difficultés restent, l'opinion s'émeut, et vous
risquez de souffrir de deux adversaires : les libres
précepteurs que je demande (le péril de ce côté
n'est pas pressant), et les industriels, ceux qui font
le bien et le mal mieux que vous, qui aimez trop le
succès pour ne sacrifier qu'à la raison, et qui vous
estimez trop, Dieu merci, pour faire de vos établissements une exploitation. Que gagnez-vous à
détruire les Écoles préparatoires si vous ne devez
les détruire qu'en les remplaçant, comme vous
avez fait pour le baccalauréat ? Le caractère de
l'école préparatoire est de développer les facultés
utiles pour l'examen, dans la proportion où l'examen les demande et dans un temps limité ; elle reçoit beaucoup de candidats attardés, dont les études ont été imparfaites et qui, voulant arriver à
une destination vite et à tout prix, ayant besoin de
réparer promptement ce qui leur manque, ont besoin aussi d'un traitement particulier. L'enseigne-

ment public prend son temps. Comme la nature met des années à former un homme, il met des années à former un esprit, qui, étant d'abord cela, devient ensuite par là même l'esprit d'un élève de l'Ecole polytechnique ou de l'Ecole normale, ou de Saint-Cyr ou de toute autre. Quoi que fassent les collèges, ils ne tiendront jamais lieu des Ecoles préparatoires : ils n'en ont pas, ils n'en peuvent pas avoir l'allure. S'ils devenaient un jour des écoles préparatoires, celles-ci n'auraient qu'une chose à faire : ce serait de devenir des collèges, et on verrait, à la longue, qui y gagnerait. Laissant ces ambitions mesquines, ces jalousies qui ne lui conviennent point, que l'Université envisage seulement ce qu'elle se doit à elle-même et aux familles qui lui confient leurs enfants, et aux enfants qui lui sont confiés. Si elle tient au nombre, elle aura même le nombre; car, après des aventures plus ou moins heureuses, les parents déroutés retournent infailliblement à une institution ouverte, sérieuse et désintéressée, qui agit sous la garantie et le contrôle publics et les délivre de la responsabilité. Ou je me trompe fort, ou les Ecoles du Gouvernement, qui ont pu être flattées qu'on travaillât en vue d'elles dans les collèges, en sont bien revenues. On entend des confidences curieuses; il paraîtrait que ce qui a le plus souffert du plan tout scientifique des études, ce sont les sciences. L'Université, de retour aux vrais principes, aurait cette douceur d'y trouver encore son profit.

L'enseignement n'est pas tout dans les collèges. On aurait un plan d'études excellent, qu'il y aurait encore d'autres soins à prendre. Je n'en dirai qu'un mot, mais je le dirai.

L'Administration supérieure classe depuis longtemps les collèges par la richesse ; ce n'est une bonne manière de classer ni les hommes ni les collèges. Le principal dans un établissement est l'esprit qui y domine. Cet esprit est-il bon ou mauvais ? Y a-t-il dans l'autorité cette puissance durable qu'on obtient quand, désirant l'affection, mais méprisant la popularité, on s'attache au bien ? Y a-t-il, avec les soins généraux, l'attention aux caractères et aux besoins particuliers des élèves, l'action personnelle qui remplace l'action de la famille ? Y a-t-il chez les élèves le respect, la confiance ? Cela vaut qu'on y regarde. L'instruction est une chose, les qualités administratives en sont une autre : elles sont un mélange de fermeté, de douceur, de connaissance morale, de mesure et de tact, qui se trouve bien rarement, et qui est pourtant bien essentiel quand on veut conduire des enfants ou des hommes. L'Université est un corps naturellement savant où ces autres qualités devraient être très encouragées. Nécessaires chez les fonctionnaires de tous les degrés, elles le sont au plus haut point dans la classe des fonctionnaires qui sont toujours en contact avec les élèves, j'entends les maîtres d'études. Ceux chez qui on les aurait trouvées, on leur ouvrirait, en récompense, l'administration. Je vois bien qu'on leur demande des grades, mais je ne vois pas qu'on leur donne pour cela du temps et du profit. Où en est l'ordonnance du 17 août 1853, qui veut qu'après six ans les maîtres d'études soient licenciés ès lettres ou ès sciences, sous peine de n'être plus maîtres d'études? Quel heureux moyen de recruter ce corps indispensable et de disputer des sujets à l'industrie ! Qu'on y songe; toute cette matière de l'administration est de la plus grande conséquence. La plupart des pères et surtout des mères connaissent peu la répartition des objets d'enseignement dans les classes; mais quand ils confient leurs enfants à une maison, ils s'informent quel y est l'esprit, quel y est l'air; ils demandent pour conduire leurs fils des mains plus fermes que les leurs, non pas plus rudes, et que ces fils retrouvent là où ils vont un peu de la famille qu'ils ont quittée.

Veut-on achever de bien faire, veut-on ajouter à l'estime de l'enseignement public par la dignité du corps qui le représente? Voici une réclamation juste. L'Université n'est pas la première administration venue. Indépendamment des services, respectables partout, les professeurs ont des titres et des grades, difficiles à obtenir. Ces titres et ces grades donnent des droits. Aussi on conçoit l'Instruction du 19 janvier 1821 sur la juridiction de l'Université envers ses membres : « Deux règles sont fondamentales en cette matière. La première veut que nul ne soit condamné qu'il n'ait été entendu ; la deuxième, que toute accusation soit éclaircie, soit à charge, soit à décharge. Signé Corbière, Cuvier, Sylvestre de Sacy, Guéneau de Mussy, abbé Eliçagaray, abbé Nicolle, Rendu, Poisson.» Le ministre était alors M. Siméon. Un professeur, qui ne pouvait être suspendu ou révoqué qu'après un jugement en forme devant le Conseil académique ou le Conseil de l'Université, sentait qu'il était quelque chose, et empruntait de là une grande considération. Attaché à des fonctions qui usent un homme, il consentait à s'user, certain d'atteindre une retraite, pour laquelle d'ailleurs il versait chaque année la vingtième partie de son traitement. Depuis, le jugement a été supprimé, et la volonté du ministre suffit pour la destitution, sans préjudice des événements politiques qui apportent de nouvelles clauses au contrat. J'ai beau réfléchir sur la puissance des ministres et des révolutions, je n'en connais pas qui puissent enlever sans jugement, à un homme qui fait son devoir, le prix des grades obtenus, le fruit de vingt ans, de trente ans de services, et l'épargne de ces années. Un corps sans droits n'est pas un corps.

J'entends dire qu'on ne voudra peut-être pas détruire ce qui est, parce qu'il y aurait de la honte à changer tout si vite ; nous craignons d'avoir l'air d'être légers, et on tient à sa réputation. Allons, voilà qui est bien, nous allons devenir constants : mais on ne le croira pas, et on dira de nous ce qu'on a dit de la Fortune, qui ne serait pas aussi inconstante si, pour changer, elle ne restait quelquefois en place. Changeons donc encore une fois, et plus après. Notez qu'à ce coup nous nous déciderons sur expérience. Expérience de quatre ans ! répondra-t-on. Oui, de quatre ans ; mais d'abord quatre ans sont quelque chose en France ; puis les auteurs du nouveau système n'en avaient pas demandé davantage pour le voir fonctionner complétement et le juger à l'œuvre. Il est jugé. Je le savais quand j'ai écrit ma première lettre qui, sans cela, aurait passé inaperçue. La sensation qu'ont faite, dès les premiers jours, les articles de journaux qui ne paraissent pas s'entendre sur le reste, le retentissement qu'ils ont eu dans les départements, ont mis au jour ce qui était caché. On a refusé là l'occasion d'une belle enquête publique et qui commençait bien. Elle se poursuit dans le particulier par les incertitudes, les craintes des familles, par les vocations flottantes des enfants, les inaptitudes, les déceptions, le jeu des examens, le jugement de chaque jour sur soi-même. La note officielle qui prétendait rassurer les familles en affirmant la perpétuité du système, cette note n'a pas réussi à donner de la consistance à quelque chose qui se dissout. On s'est obstiné à n'y voir que les améliorations promises, comme une porte entr'ouverte par où toutes les réformes peuvent passer. L'Université est comme le reste du public, elle espère ces réformes, et elle comprend que c'est son salut, car pour qu'un régime dure il est bon de croire qu'il peut se corriger.

(14 mars 1857.)

LES RÉFORMES

Ma dernière lettre était de 1857; voilà cinq ans écoulés; on ne dira pas que je suis impatient ni importun; on a le temps de faire bien des choses en France, en cinq ans. En a-t-on fait beaucoup pour l'instruction publique? Quelques petites, très peu d'autres, mais significatives parce qu'elles annoncent que la vie revient. Je placerai en première ligne la restauration de l'Ecole normale, cette grande Ecole, humiliée dans de mauvais jours. Une autre restauration importante est celle de l'agrégation spéciale d'histoire. On se tromperait, vous le savez, si on ne voyait là qu'une réforme intérieure, et qui n'aurait d'intérêt que pour le corps enseignant : elle vaut la peine qu'on y insiste. L'Université n'est pas la France, mais la France se sert de l'Université pour élever ses générations et préparer l'avenir qu'elle a en vue; aussi certains changements qu'elle y apporte sont d'un intérêt public.

L'agrégation d'histoire date, vous vous le rappelez, de la révolution de 1830 ; à ce moment, la politique se réconciliait avec l'histoire. Elles ne sont pas toujours amies, et cela se conçoit : tandis que la politique se propose de fixer le pays à un certain gouvernement, d'appliquer l'intelligence du pays à la méditation des mérites de ce gouvernement, l'histoire agrandit l'horizon : elle montre la nature de la société, le cours des choses humaines, elle montre à une nation son passé et son instinct, qui lui a fait traverser plusieurs formes et pourrait bien lui faire dépasser encore la forme présente ; c'est un grand enseignement libéral. Le gouvernement de juillet n'en a pas eu peur ; tout le temps qu'il a duré, l'enseignement de l'histoire s'est donné pleine carrière, on peut même dire qu'il s'était trop étendu, que, dans le concours d'agrégation et dans les collèges, il avait plus d'une fois excédé la sage mesure, substituant l'érudition à l'instruction générale, seule nécessaire en ces lieux-là. La république, sortie, pour une part, des récits de la révolution française, qui avait enflammé l'air où l'on vivait, ne pouvait être que favorable à l'histoire. Le gouvernement qui vint après voulut modérer l'activité des esprits : il fondit toutes les agrégations en une seule et réforma à fond l'enseignement des collèges. Précédemment, le professeur faisait une leçon, que les élèves rédigeaient en y ajoutant leurs lectures; désormais, les professeurs durent dicter des sommaires qui devaient être appris par cœur, et l'intelligence des élèves dut être exercée par la composition de narrations et de parallèles; l'histoire devenait matière à rhétorique. Tel était le programme. Fut-il suivi et combien de temps fut-il suivi? C'est ce qu'il est malaisé de dire : il est plus facile de changer les programmes que de changer les hommes et les choses. La narration et le parallèle tombèrent vite en mépris, le sommaire s'allongea, s'émancipa, la leçon revint, la rédaction revint, il ne manquait plus que de voir revenir l'agrégation spéciale, et c'est ce que nous venons de voir. Il faut reconnaître que les événements actuels n'ont pas nui à ce retour en grâce. La politique qui a la force peut se dispenser de parler, mais, quand elle veut bien parler, il faut qu'elle parle d'histoire, pour confondre ses adversaires et se justifier elle-même, car c'est là son terrain; elle prétend naturellement avoir le sens pratique et faire ce qui se ferait de soi-même, seulement avec peine, si elle n'y mettait pas un peu la main. Quels que soient les accidents extérieurs qui ont aidé au retour du vrai enseignement historique, j'avoue que j'aime beaucoup cette petite révolution, qui s'est faite toute seule, sans bruit, par la force des mœurs, révolution peu française, qui, pour cela peut-être, durera.

Rien jusqu'ici n'a été changé pour la philosophie, qui s'appelle encore la logique et exerce les écoliers au baccalauréat. Je veux féliciter ceux qui ont si durement persécuté la philosophie universitaire, et à qui on a voulu plaire en la mettant dans l'état où elle est; ils ont vraiment bien réussi : ils l'ont chassée des collèges, et, dès qu'elle a été dehors, elle s'est donné de l'air et de l'espace et elle a fait assez parler d'elle. Ils ont repoussé un rationalisme respectueux, un libre spiritualisme ; j'imagine qu'ils s'en accommoderaient maintenant. Et ce terrible panthéisme, dont l'ombre les épouvantait, qu'en disent-ils aujourd'hui qu'ils l'ont vu en personne? N'en craignent-ils rien pour les jeunes esprits qui, au sortir d'une logique vide, entrent dans le monde, affamés, avec le goût du brillant et du grand ? L'ancienne philosophie des collèges ne feignait pas d'ignorer les systèmes qui courent le monde, elle avertissait les jeunes gens de cette rencontre et les préparait à la soutenir, elle les habituait à voir les problèmes, à les bien poser, à les bien conduire, à estimer le sens commun tout ce qu'il vaut ; or on a supprimé l'ancienne phi-

losophie, avec elle la forte préparation qu'elle donnait aux intelligences et, par une négligence im-
pardonnable, on a oublié de supprimer les systèmes et les problèmes.

C'est à cette situation qu'il s'agirait peut-être
d'aviser. En attendant, la philosophie des collèges
reprend d'elle-même son premier chemin et de jour
en jour son enseignement devient plus sérieux; le
mouvement naturel qui s'est accompli dans l'enseignement de l'histoire s'accomplit aussi là ; d'ici
à peu il ne manquera à cette philosophie que son
nom, du temps et des élèves. On fera bien de lui
rendre promptement son nom, et de terminer une
triste plaisanterie qui a duré dix ans, dix ans de
trop. On fera bien aussi de lui rendre le temps dont
elle a besoin, celui qui lui suffisait autrefois. Des
élèves, elle n'en aura point tant qu'elle sera ce
qu'on a voulu qu'elle fût, une préparation au baccalauréat, car, parmi les écoliers, les uns prendront·
le grade à la fin de la rhétorique, et ceux qui seront
refusés préféreront les maisons spéciales où tout
marche tout droit à l'examen. Ai-je besoin d'ajouter que, lorsque les classes de philosophie auront
des élèves, il faudra leur assurer des professeurs
et recomposer, par l'agrégation de philosophie, un
personnel qu'on a si misérablement dispersé.

Nous demandons ces réformes, bien entendu, si

le baccalauréat le permet, car c'est à lui que tout se rapporte : il est le centre et la fin des choses. Comme par le passé, il continue à dévorer les études. Lorsque le professeur tente de le perdre de vue, ses élèves ne le suivent plus, et le rappellent aux nécessités de l'examen, ou même ils traversent les classes, présents de corps, absents d'esprit, absorbés dans la lecture du manuel. J'en ai connu qui, par cet exercice répété pendant plusieurs années, étaient parvenus à un rare degré de perfection : ils pouvaient vous citer à point nommé la page où il est dit que Dieu existe, le paragraphe où il est parlé d'une distinction entre le bien et le mal; ils répondaient avec la même conviction, pour l'avoir vu dans le livre, que l'homme est composé d'une âme et d'un corps et qu'il y a soixante et tant de corps simples dans la nature. J'ajoute qu'il y a des manuels de plusieurs auteurs, et, quand on les désigne, on les désigne par les noms de ces auteurs; mais quand on dit : le manuel, sans rien de plus, sans nommer personne, tout le monde entend : c'est le manuel par excellence, le manuel du baccalauréat, ou plutôt le baccalauréat lui-même, comme les candidats l'appellent par un diminutif rapide et un petit nom d'amitié. Là est renfermée la science universelle, mais sans aucun de ses périls, sans la vaine curiosité, sans la critique indiscrète, sans les angoisses du doute, sans les tristesses de la négation et même sans l'orgueil qui accompagne infailliblement la science, comme chacun sait ; car ceux qui possèdent ce livre restent modestes, la science ne les enfle pas. Tel est le livre qui a eu l'unique fortune de former plusieurs générations et qui, gardant le double mérite de rester le même en suivant toutes les révolutions des programmes, a obtenu, dans le cours de sa carrière, l'honneur de trente-trois éditions. Cet honneur lui suffisait peut-être, mais il ne nous suffisait pas, et nous avons tenu à lui rendre ce public témoignage.

Le système des études avec bifurcation des sciences et des lettres, à partir de la classe de troisième, ce système vit encore, mais il est condamné. L'opinion a trouvé déraisonnable et barbare de forcer des enfants à choisir entre les sciences et les lettres, quand ils ne savent ni ce que c'est que lettres, ni ce que c'est que sciences, de les forcer à treize ans de faire des vœux éternels ; elle s'est soulevée aussi contre l'incroyable entreprise de couper l'esprit humain en deux, tandis qu'il faudrait, s'il y en avait deux, travailler de toute sa puissance à en faire un seul ; enfin, on commence à le comprendre, la littérature, l'histoire, la philosophie, les sciences sont nées pour quelque chose de mieux que de créer des bacheliers ou des ingénieurs et de défrayer des concours d'écoliers ; elles sont de grands emplois de l'esprit humain, et la perfection à laquelle on les porte classe à des rangs plus ou moins hauts les hommes et les nations.

La population qui afflue dans les établissements de l'État ne doit pas faire illusion sur la bonté du système et l'approbation dont il jouit. Supposons que, pour conduire au diplôme officiel, aux écoles officielles, les parents, dans leur embarras, ne voient actuellement rien de mieux que les établissements officiels, il n'est pas certain que cette croyance persiste. S'il y a des corporations habiles, décidées à servir le siècle selon son goût pourvu qu'il vienne à elles, elles pourraient bien, à un moment donné, faire à l'Université une sérieuse concurrence et la tenir en échec sur un terrain étroit, qui n'est pas bon et qui n'est pas le sien. Qu'elle ne sacrifie pas, je l'en supplie, son intérêt solide au succès qui aveugle. Il y a dans la vie des institutions diverses sortes de crises, des crises d'adversité, et d'autres, celles-là plus dangereuses, que j'ai entendu appeler (c'était, il y a quelques années, à propos des finances), des crises de prospérité. Pour viser au durable, il ne faut pas se tromper là-dessus.

Je serais inquiet pour l'Université si elle n'avait d'autres titres à la faveur publique que ces services douteux ; heureusement elle les relève par l'esprit qu'elle y apporte, elle corrige, en y mettant la main, les systèmes qu'on lui impose. J'ai cité la réforme accomplie pour l'histoire, la réforme inévitable de la philosophie ; quoi qu'elle enseigne, elle ne peut l'enseigner qu'à sa façon. Heureusement aussi, elle se recommande à tout le monde pour des qualités qui la rendent justement populaire. Le professeur sort, en général, des classes laborieuses, pauvre lui-même, avec le goût d'une existence honorable et souvent de grandes obligations de famille, avec le sentiment d'indépendance que donnent les grades, avec le sentiment de dignité personnelle, le désir du bien public et l'esprit libéral que donne l'instruction, attaché sans fanatisme à un corps qui ne se propose pas de gouverner, mais d'éclairer, qui, n'ayant pas la discipline absolue et les ambitions de certains corps, ne communique à aucun de ses membres aucune puissance, rien qu'une part de l'estime commune, et le laisse faire sa position propre par sa propre valeur. Voilà les hommes auxquels les pères de famille confient volontiers leurs fils, parce que ces hommes sont semblables à eux. On comprend que l'Université ne se donne pas aisément. Pour la gagner, il faut qu'on travaille à la fois pour les individus, pour le corps et pour la société ; pour les individus en les respectant et en reconnaissant leurs services, pour le corps en soutenant sa considération, pour la société, en représentant l'esprit libéral. A son honneur il n'y a rien de bon pour elle que ce qui est bon pour le pays ; aussi on la voit, dans les temps les plus divers, rester fidèle à elle-même, continuer d'être tout ce qu'elle est, et de vouloir tout ce qu'elle veut.

Je termine ici ces Lettres. Dieu sait que je ne les ai écrites par aucun désir de faire du bruit, ni par aucun esprit d'opposition systématique ; il est honteux d'apporter des préoccupations personnelles dans de pareils sujets. Je consens volontiers qu'on les oublie, pourvu que le bien se fasse ; il me sera permis seulement de me rappeler à moi-même que j'ai dans cette circonstance défendu la vérité, et que j'ai employé à cela un jour d'une vie devenue inutile[1].

(4 avril 1862.)

[1] M. Bersot était, depuis 1852, démissionnaire par refus de serment.

DU ROLE DE LA FAMILLE

DANS L'ÉDUCATION [1]

M. Paul Janet n'est pas partisan de la théorie communiste, qui enlève les enfants aux parents pour les remettre à l'État ; il les laisse au père et à la mère, et il laisse à chacun son rôle dans cette éducation. Le père imprime aux enfants les deux idées essentielles de la règle et du devoir. L'enfant doit savoir supporter la règle, qu'il rencontrera partout dans la vie ; il doit aussi savoir obéir au devoir, car en l'absence de la loi intérieure sa conscience le suivra partout. Ce que le père obtient par l'autorité et par la raison, la mère l'obtient par l'attrait et par la tendresse ; souvent elle tempère les exi-

---

[1] *La Famille*, par M. Paul Janet ; ouvrage couronné par l'Institut. — *Du rôle de la famille dans l'éducation*, par M. Prevost-Paradol ; ouvrage couronné par l'Institut.

gences de l'autorité elle-même, mesurant la force du père à la·faiblesse de l'enfant, et plaidant pour la nature et la liberté. Ou, pour mieux parler, le père et la mère font tous les deux dans leur âme ce mélange d'énergie et de douceur, s'ils songent à la fois à leur amour et à l'intérêt des enfants qu'ils gouvernent.

On a bien des fois agité la question s'il valait mieux conduire les enfants par la sévérité ou la douceur. Je relisais dernièrement les *Adelphes* de Térence dans la traduction si française de M. Eugène Fallex, ces deux frères élevés, l'un par un père tyrannique, l'autre par un oncle débonnaire, et qui tournent également mal. Vraiment il en devait être ainsi, et il est difficile de voir quel autre dénoûment on pourrait maintenant donner. La facilité des parents invite les enfants à se permettre toute licence : ils seraient bien bons de se contraindre lorsque ceux qui doivent les arrêter se font les complaisants serviteurs de tous leurs plaisirs. Quant à la sévérité à outrance, les effets en sont douteux : l'enfant ne voit plus dans son père qu'un maître, « son ennemi »; alors, ou bien il échappera par la ruse, avec cette merveilleuse habileté que la nature a donnée aux écoliers contre la discipline, ou il cédera pour un temps et renfermera son amertume dans son cœur, en attendant la délivrance. Nous défions qu'on se tire de là. On oublie, en cette affaire, quelque chose qui est tout, l'exemple. Pour avoir le droit d'imposer aux enfants leur devoir, il faut d'abord faire le sien. Quel que soit le système du gouvernement intérieur, lorsque des enfants rencontrent dans leurs parents les vertus qui inspirent le respect : le travail, la sagesse, l'ordre, l'honneur, la justice, la bonté, ils en reçoivent une impression profonde et s'en pénètrent à leur insu ; et, quel que soit aussi le système de gouvernement intérieur, la paresse, l'inconsistance, le désordre, l'indélicatesse, l'improbité, l'égoïsme, feront sur ces jeunes âmes leur effet certain.

Une fois que les parents seront ce qu'ils doivent être, faut-il qu'ils préfèrent agir par sévérité ou par indulgence ? Il n'y a pas ici de règle universelle, il n'y a qu'à agir différemment selon les caractères différents. Mais enfin, s'il fallait prendre un parti ? Je ne suis pas de ce temps-ci, mais il me semble que l'impression principale que les parents doivent faire dans l'âme de leurs enfants, est le respect. Il est dû à la sagesse plus grande, à la vertu plus exercée, au devoir accompli, et à part de cela, il est dû à la dignité mystérieuse du père et de la mère, qui nous ont donné l'être après Dieu et avec Dieu, et ont reçu de lui une délégation de sa providence. Quand on est investi de cette magistrature, on n'a pas le droit de la laisser s'avilir ou périr entre ses mains, et je ne vois pas ce qu'on a appris aux enfants si on ne leur a pas appris le respect, ni où ils en prendront l'idée s'ils ne l'ont pas prise dans la famille.

Dans l'éducation des enfants, les parents doivent sans cesse se répéter le mot de César, et croire qu'ils n'ont rien fait tant qu'il leur reste quelque chose à faire. On voit quelquefois des parents qui recommencent leur éducation, pour conduire ou suivre celle de leurs enfants. Cela ne se peut pas toujours, car en supposant l'intelligence nécessaire à ce second apprentissage, plus difficile que le premier, il faut encore le loisir, si rare, et, avant d'instruire ses enfants, il faut les nourrir ; mais quand ces conditions se rencontrent, il est certain qu'une telle éducation porte de beaux fruits. Le respect pour cette constante supériorité, la reconnaissance pour tant de soins volontaires, la pénétration des principes et des sentiments d'une âme dans l'autre âme, le monde qui passe sous les yeux chaque jour peu à peu expliqué, l'expérience ménagée par une tendre main pour épargner la rude expérience de la vie, la jouissance des progrès de toute sorte sentis et rapportés à quelqu'un qu'on aime : il y a là une force qui certainement agira. Et le courage recevra sa récompense. Mais il l'a déjà dans la douceur du devoir sérieusement accompli : il n'y a pas de privations qui ne soient payées par une caresse, et si la destinée, qui se joue de nous, enlève l'élève ou le maître, il y a, pour le maître qui survit ou qui meurt, la consolation de n'avoir pas perdu un seul sourire d'un enfant.

Nous savons que les parents ne gardent pas toujours avec les enfants l'égalité d'humeur, et que, dans l'impatience de les voir devenir parfaits, ils les gourmandent avec trop peu de mesure. Quel est alors le devoir des enfants ? Le sage Socrate l'a enseigné à ses fils dans une page admirable :

« La mère fait encore plus pour eux ; elle porte avec peine le fardeau qui la met en danger de la vie, elle nourrit de sa propre substance l'enfant qui est encore dans son sein ; elle le met au jour enfin avec de cruelles douleurs ; elle l'allaite et lui donne tous ses soins, sans qu'aucun bienfait reçu puisse déjà l'attacher à lui. Il ne connaît pas même encore celle qui lui prodigue tant de témoignages de sa tendresse, il ne peut même faire connaître ses propres besoins ; mais elle cherche à deviner ce qui lui convient, ce qui peut lui plaire ; elle ne cesse de se tourmenter nuit et jour, sans prévoir quelle reconnaissance elle recevra de tant de peines. Il ne suffit pas de nourrir les enfants : dès que l'âge semble leur permettre de recevoir quelque instruction, leurs parents s'empressent de leur enseigner ce qu'ils savent et ce qui pourra leur être utile un jour. Connaissent-ils quelqu'un plus capable qu'eux de les instruire, ils les envoient recevoir ses leçons, et ne regrettent aucune dépense pour leur donner la meilleure éducation qu'ils puissent leur procurer. — Je veux, répondit le jeune homme, que ma mère ait fait tout ce que vous dites, et même beaucoup plus encore, mais elle est d'un caractère si difficile qu'on ne peut supporter son humeur. Elle dit, en vérité, des choses si dures, qu'au prix de la vie on ne se résoudrait pas à les entendre. — Et combien, depuis ton enfance, ne lui as-tu pas causé de désagréments plus insupportables encore ! Combien tes cris ne lui ont-ils pas fait passer de mauvaises nuits ! Combien tes actions, tes paroles ne l'ont-elles pas tourmentée pendant le jour ! et elle l'a supporté. Ne parlons que de tes maladies, que de chagrins ne lui ont-elles pas causés !... Ne sais-tu pas que ta mère, quoi qu'elle puisse te dire, est bien loin de te vouloir du mal ? Ne sais-tu pas qu'elle ne veut à personne autant de bien qu'à toi ? Eh bien, tu as donc une tendre mère, qui, dans tes maladies, prend de toi des soins assidus, qui néglige sa santé pour te rendre la tienne, qui tremble que tu ne manques de quelque chose, qui demande pour toi les bienfaits du ciel dans les prières qu'elle adresse aux dieux, qui leur fait pour toi chaque jour des offrandes : et tu la traites de cruelle mère ! Si tu ne peux la supporter, seras-tu capable de vivre parmi les hommes? Ne seras-tu jamais obligé de plaire à personne, de suivre personne, d'obéir à personne? — Si tu es sage, mon fils, tu prieras les dieux de te pardonner tes offenses envers ta mère : crains qu'ils ne te poursuivent comme un ingrat et ne te refusent tous leurs bienfaits.... »

L'éducation du fils et de la fille diffère et est traitée à part. Le fils doit être un jour un homme. M. Janet veut pour lui la vie du collège, où il apprend ce qui lui servira plus tard : l'obéissance à la discipline, le travail, la justice, l'émulation, la sincérité et la loyauté, la patience, le courage, l'amitié, la vie en un mot, où chacun se fait sa place par lui-même, mais il veut le collège tempéré par la famille où l'âme se détend et s'abandonne. Un jour le jeune homme sort de la maison, pressé par la nécessité d'une carrière, d'ailleurs poussé par le désir de l'indépendance et la curiosité de la vie. Il y a là un moment de séparation cruelle

pour les parents, le moment qui arrive pour les
filles lors du mariage. Le plus grand sacrifice que
ceux qui aiment puissent faire, c'est de permettre
qu'on soit heureux par d'autres que par eux.
« Voilà donc, dit M. Janet, le jeune homme livré
au monde; mais il ne sait pas ce que c'est le
monde ; et il se tromperait s'il espérait trouver
en dehors de lui-même et de la famille un principe
de force et de vertu. Le monde, c'est le vide : il est
glacé, il est indifférent, il ne vous connaît pas ;
il vous prend comme des jouets, il vous offre ses
plaisirs, ses tentations, ses abîmes ; si vous succom-
bez, il vous dévore, et il continue à marcher, à
courir, à danser sur vos tombeaux. » Il y aura
sans doute plus d'une faute commise, et notre
jeune homme achètera peut-être cher son expérience, mais rien n'est perdu s'il a conservé deux
sentiments : l'honneur et l'esprit de famille.
« Qu'est-ce que l'honneur? C'est un principe qui
nous détermine à faire les actions qui nous re-
lèvent à nos propres yeux et à éviter celles qui
nous abaissent. Qu'est-ce que l'esprit de famille?
C'est un mélange de crainte affectueuse pour le
père, de tendresse craintive pour la mère, de
respect pour tous les deux, d'admiration pour
leurs vertus, de volontaire aveuglement pour leurs
travers, de reconnaissance pour leurs bienfaits,

de compassion pour leurs souffrances, de pitié
pour leurs sacrifices. »

La fille a une autre destinée et une autre éducation. Pour elle, l'éducation à l'ombre, sous l'œil de
la mère, si nécessaire à tout âge, à l'âge surtout où
le cœur s'ouvre et l'imagination s'éveille. L'éducation parfaite ménage en elle trois sortes de qualités:
les qualités physiques, les qualités de l'esprit et
les qualités du cœur. Il faut posséder la beauté
sans orgueil et se résigner à la laideur, faisant va-
loir l'une, et rachetant l'autre par des mérites
plus solides qui arrêtent l'envie et la raille-
rie. Le soin de la parure n'est par lui-même ni bon
ni mauvais. Il est mauvais quand il tourne au luxe,
il est bon quand il donne lieu de former le goût,
qui est un sentiment de l'art et une convenance délicate. Or le goût, pour une jeune fille, exigera
toujours la simplicité.

Quant à l'esprit, il n'y a pas de mal sans doute à
le vouloir élégant et orné, avec cette juste mesure
que Fénelon a admirablement dite : « Apprenez-
leur qu'il doit y avoir pour leur sexe une pudeur
pour la science presque aussi délicate que celle
qui inspire l'horreur du vice. » La culture et le
sentiment des beaux-arts sont bien de mise ici.
Mais la principale science d'une femme sera
toujours le monde; c'est là ce qu'elle doit aussi

toujours apprendre, démêlant la vérité sous l'apparence, et jugeant, à chaque fois, ce qu'il faut accorder à l'usage et ce qu'il est permis de donner à la liberté.

Pour les qualités morales enfin, il en est une qui fait le charme particulier de la jeune fille, c'est l'innocence : « Ce que j'aime dans une jeune fille, dit M. Janet, c'est cette belle tranquillité, qui, sachant un peu, ne veut pas savoir davantage, et qui attend paisiblement et en riant que la vie et le cœur lui révèlent insensiblement leurs secrets. » La participation aux soins du ménage est l'apprentissage nécessaire de la jeune fille à son rôle futur, en même temps que le travail, surtout le travail utile, est un excellent conseiller. Quant au monde, l'innocence en jouit sans péril, et l'usage discret la prépare insensiblement à devenir « la compagne agréable d'un galant homme. » M. Janet cite beaucoup dans ce chapitre délicat ; il donne volontiers l'expérience des autres, mais alors même le choix lui appartient, et il a raison de prendre pour guide une femme distinguée, Madame de Rémusat.

La famille est fort en honneur parmi nous, mais il me semble que ce temps de croyances équivoques ne lui est guère favorable. Nombre de pères, d'ailleurs très généreux dans les dépenses que l'éduca-

tion de leurs enfants exige, leur donnent tout, sauf
des principes ; s'ils recommandent qu'on leur en
donne, ce sont d'autres principes que les leurs ;
tant est grande leur humilité, ils ne veulent pas
de fils qui leur ressemblent et ils s'imaginent que
des croyances que leur indifférence nie, des maxi-
mes que leur conduite dément, auront toute puissance pour leur faire des sujets accomplis ! Dès
qu'ils ne communiquent pas à leurs fils leur foi
philosophique, politique et morale, qu'ont-ils donc
à leur apprendre que l'art de faire fortune ? un art
qui de nos jours, quand on est résigné à se ruiner,
s'apprend tout seul. Aussi sainte et aussi aimable
que soit la famille, il est bon de rappeler qu'elle
n'est pas le tout de l'homme : il y a de plus dans
l'homme le citoyen et le membre de la grande
communauté humaine. Qu'il entre dans la famille,
mais non pour s'y enfermer, pour échapper aux
travaux des hommes. La politique est un de ces
travaux ; quand un homme l'a bravement fait, il
a bonne grâce à se présenter devant sa femme et
ses enfants, qui estiment ces mâles occupations ;
s'il a des fils, et qui grandissent, il leur communique ses principes, ses sentiments, son expérience,
les enflammant pour la défense des grands intérêts, marchant avec eux tant que sa vigueur
dure ; puis, quand elle le trahit, les invitant à

prendre l'œuvre où il la laisse et à continuer leur
père.

M. Prevost-Paradol insiste sur un sujet que
M. Janet a touché en passant, la question de l'éducation publique et de l'éducation privée.

L'éducation privée a des défauts. L'infériorité
du personnel enseignant est inévitable ; l'enfant ne
passe pas, chaque année, d'un maître à un autre,
réveillé par la nouveauté, s'essayant au contact
d'un autre esprit, subissant tour à tour des influences nouvelles, sous lesquelles son originalité
subsiste, trouvant peut-être une fois un esprit qui
le révèle à lui-même. L'instruction scientifique est
difficile dans une maison qui n'a pas les ressources
des grands établissements pour les expériences ;
l'émulation manque, et, comme elle viendra nécessairement un jour dans le monde, elle n'apprend
pas à l'avance à se tempérer, à se garantir de
l'envie. L'éducation morale compense-t-elle ces
inconvénients ? C'est mal connaître le monde que
de croire que, plus d'une fois, dans la famille, l'enfant ne devinera, ne verra ni des maux ni des
fautes. Si, au contraire, la famille est parfaite, elle

est trop éloignée de la grande famille humaine pour que l'inévitable passage de l'une à l'autre ne soit pas accompagné de découragements et de périls. A l'éducation religieuse que l'enfant reçoit là, en admettant qu'elle ne soit pas compromise par les paroles et par les actions, il manque, dans les maisons les plus pieuses, l'exemple du doute et le sentiment de la tolérance. L'éducation du caractère n'y est pas si assurée qu'on le répète : il faut dans les parents une habileté singulière pour ménager leur autorité et la garder intacte dans l'épreuve de tous les jours. Enfin, il y a quelque chose que la famille la mieux constituée ne peut donner : « Si habile et si heureuse qu'on puisse supposer la famille dans l'éducation du caractère, je ne vois autour de l'enfant qu'elle élève que des maîtres et des inférieurs. Il ne peut regarder qu'au-dessus de lui ou au-dessous de lui; je ne vois personne à ses côtés. Obéir et commander ne font pas tout l'homme, quoi qu'on en dise; il est bien loin de la perfection celui qui manque de l'intelligence et de la pratique de l'égalité. Nous vivons dans un temps et dans un pays où, grâce au légitime orgueil de tout le monde, quiconque ne sait pas vivre avec des égaux ne sait vivre avec personne. »

L'éducation publique, à son tour, a des défauts;

d'abord quelque chose de dur et de farouche : « Il
est, le plus souvent, facile de reconnaître celui qui
a traversé une éducation publique exclusive, sans
avoir été, comme dit le poète philosophe, caressé
ni apprivoisé par personne. » Elle sépare trop la
science et la connaissance de la vie, elle fait à
l'étude des mots une part si grande que l'étude
des choses se trouve considérablement réduite ;
elle enferme les enfants dans un monde abstrait ou
dans un monde mort. Si la justice y est cultivée,
elle l'est plus que la charité ; l'indulgence mutuelle
et la pitié y sont inconnues : « Le sentiment exclusif de la défense personnelle et du droit donne à
la vie de collège quelque chose de la dureté des
civilisations antiques. » L'indifférence religieuse,
sans le contre-poids de la famille, est le fruit ordinaire de la liberté de conscience, qui règne là et
qui doit y régner. Il y a donc besoin d'une influence
qui, en respectant l'action utile de l'éducation publique, la tempère. « Il n'est point de système d'é-
ducation publique si imparfait, que l'intervention
constante de la famille n'en puisse atténuer les défauts et en développer les avantages ; il n'en est
point de si admirable qui puisse se passer de la
famille. » C'est à elle à épier la vocation de l'enfant,
à lui inspirer le goût des bons livres, à lui enseigner le monde, son temps et son pays, à lui mon-

trer les applications des sciences, à éveiller en lui le goût des arts dans la liberté des congés et des voyages des vacances. C'est à elle aussi à diriger l'éducation morale de l'enfant, à le pénétrer par les instructions et les exemples, de ces trois vérités essentielles : que le monde nous impose le travail plus étroitement que le collège, et sous des peines plus dures ; que notre devoir est indépendant de celui d'autrui, et ne repose point sur la réciprocité ; que la fortune a une grande influence sur les affaires humaines et une instabilité merveilleuse.

Ainsi voilà la famille appelée au secours de l'éducation publique ; mais ce secours n'est pas toujours ce qu'il peut être, parce que la famille n'est pas toujours ce qu'elle doit être. M. Prevost-Paradol ne regarde pas comme un milieu excellent pour le sentiment religieux des maisons où des parents font élever scrupuleusement des enfants dans des croyances qu'ils ne partagent point et dans des sentiments qu'ils délaissent ; et il lance contre certains pères de famille un jugement d'une véritable éloquence.

Pour l'éducation du caractère, qui peut mieux que la famille le surveiller et le travailler avec cette préoccupation constante de ce qu'il faut pour le bonheur de la vie ? « Apprendre à l'enfant à supporter avec douceur les défauts d'autrui, par la conscience toujours présente de ses propres défauts et par une vue élevée de l'imperfection humaine, voilà le devoir de la famille. » Elle le remplira sans peine en faisant découvrir à l'enfant, par des exemples plutôt que par des paroles, la cause ordinairement excusable des défauts du prochain. Elle lui inspirera l'honneur, lui apprendra la politesse qui pacifie la société et ennoblit la vie publique, mais sans leçons prématurées, en leur temps ; elle n'ira pas le dépouiller par force de sa timidité.

« Il est une timidité charmante, fille d'une modestie sincère, qui vient du respect d'autrui et d'une conscience exagérée de notre propre faiblesse, et qui communique à toutes les actions et à toutes les paroles de celui qu'elle possède, une inquiétude pleine de grâce. Il est une autre timidité qui naît d'un orgueil soupçonneux et d'un soin exagéré de notre propre dignité. On redoute d'être mal compris et mal jugé ; on se garde de donner prise à l'opinion d'autrui, et l'on se tait par orgueil comme d'autres parlent par vanité. Aucune de ces timidités n'est dangereuse, si on n'y mêle point en les combattant le découragement ou l'amertume, si on les livre avec douceur aux effets de l'expérience et du temps. »

Enfin, pour l'éducation physique, elle sera vaillante, avec des exercices variés : marche, nage, escrime, équitation, travail à quelque métier, tout ce qui développe la force, la grâce et l'habileté du corps.

Si, en définitive, ni l'éducation privée, ni l'éducation publique exclusives ne sont irréprochables ; si l'éducation publique, avec ses défauts, a des avantages si grands qu'il faut en profiter en en tempérant les inconvénients par l'action des parents, il est bon que le collège ne laisse pas tout à faire à la famille, et qu'il lui emprunte tout ce qu'il pourra lui emprunter.

D'abord, il initiera davantage les enfants à la connaissance du monde où ils vivront. M. Prevost-Paradol se demande comment l'étude de l'antiquité en est venue à être regardée par beaucoup de personnes comme inutile ou dangereuse, et il l'explique par deux graves erreurs.

« C'est d'abord de n'entendre par étude de l'antiquité que l'étude des langues anciennes. Du moyen on a fait la fin, et la connaissance approfondie de ces langues est devenue le seul but de dix années d'étude. Comme ce but même n'est pas atteint, ce n'est pas sans fondement qu'on accuse l'éducation publique de faire perdre son temps à la jeunesse. L'erreur des méthodes correspond à la chimère et à la vanité de l'objet qu'on se propose. Le discours latin, les vers latins, cette pompe vide, ne contribuent pas seulement à faire prendre en mépris au public les occupations de la jeunesse et l'étude de l'antiquité, qui couvre de son nom ces stériles amusements de la mémoire et de la patience ; on ne peut se dissimuler que l'explication étendue des chefs-d'œuvre antiques, que leur interprétation littérale et élégante, que leur commentaire surtout, qui devrait les embrasser tout entiers, les pénétrer à fond, en rendre raison à la jeunesse et les faire admirer avec une pleine lumière, se trouvent restreints et réduits par l'inintelligente et impuissante imitation de leur forme, par la prétentieuse et disparate reproduction de leur langage, semé par lambeaux dans ces tissus de plagiats où se complaisent trop souvent la puérile vanité de l'écolier et le lourd pédantisme du maître. »

L'autre cause de la défiance du public est qu'en expliquant l'antiquité aux jeunes gens, on ne leur représente pas perpétuellement les différences entre la société antique et nos sociétés, pour leur faire comprendre que si le courage, l'émulation, le dévouement au pays sont partout des choses excellentes, l'usage de ces vertus n'est pas partout le même, que l'ambition de gouvernement universel qui possédait Athènes et Rome n'est plus possible dans le monde moderne, où toutes les nations se tiennent les unes les autres en équilibre, et que les institutions de Sparte, par exemple, qui était un camp, ne vont pas avec la liberté et le droit. L'habitude de la lecture ajouterait encore à cette connaissance du monde que donne l'étude éclairée de l'antiquité. Mais les souvenirs que donne M. Prevost-Paradol ne lui rappellent rien de tel. « Que de fois on entend faire à l'écolier qui demande la permission de lire, comme on dit au collège, cette inintelligente réponse : « Relisez vos *devoirs* et repassez vos *leçons*. » Qu'arrive-t-il alors? L'oppression amène la fraude. L'atlas s'étale devant l'écolier, et derrière la large feuille de l'atlas à demi soulevée, se dévorent, en dépit de toute surveillance, le roman à bon marché, le drame et le vaudeville. Ce fléau des lectures niaises ou dangereuses ne disparaîtra qu'avec le préjugé qui fait écarter les bonnes. » De mon temps, il y a déjà longtemps, du temps de M. Prevost-Paradol, il y a quelques années, il en était ainsi; j'aime à croire qu'aujourd'hui cela n'est plus vrai. Notre auteur demande de plus des promenades dans les musées et les principales fabriques. L'esprit formé, il songe au caractère : il voudrait qu'on habituât les enfants à la bienfaisance, à la pratiquer eux-mêmes.

« La bienfaisance est mal comprise, si on n'y voit que le soulagement du pauvre, si l'amélioration de celui qui l'exerce est négligée. Faire doublement le bien de l'humanité, adoucir la condition d'un homme en élevant l'âme d'un autre, voilà la grandeur particulière de la bienfaisance, voilà ce qui la rend digne de figurer au premier rang dans l'éducation de la jeunesse. » Il réclame pour qu'on abolisse au collège le combat singulier, la domination de la force, et qu'on veille sur les opprimés, pour prévenir les violences et leur épargner la triste nécessité de demander secours. Il tient à la politesse des maîtres aux élèves, des élèves aux maîtres, des élèves entre eux : « Une fois polis entre eux, ils le seront pour tout le monde et pour toujours. » Il tient à des cours spacieuses et ombragées, à des promenades qui soient de vraies promenades. Il ne lui déplairait pas de voir dans l'intérieur des collèges un petit atelier de travaux ingénieux et peu fatigants. Si on le laissait faire, il finirait par rendre ce temps de l'éducation agréable ou tolérable, et il ôterait aux élèves du collège un des plus vifs plaisirs qu'ils puissent ressentir, le plaisir de le quitter.

Voilà, en substance, le livre de M. Prevost-Paradol ; il est de la veine de celui de M. Janet sur la famille, vrai, simple, d'une remarquable forme,

un très bon livre, et aimable, ce qui ne gâte
rien. Nous n'avons plus à ajouter que quelques
réflexions.

Pourquoi l'auteur n'a-t-il pas parlé de l'éducation des filles? Il pense peut-être qu'elle revient
tout entière à la famille; mais là même il nous aurait donné quelques utiles conseils. J'ai dit, dans
les précédentes pages, un seul mot de cette question, ne voulant pas y entrer parce qu'elle serait
l'objet d'un volume ; on peut toujours signaler le
progrès que le siècle a apporté ici. L'éducation des
femmes était autrefois négligée, elle est régulari-
sée maintenant : une jeune fille fait ses classes,
une demoiselle de seize ans fait sa rhétorique, une
demoiselle de dix-sept ans sa philosophie; bien
auparavant elles composent. Si cette éducation
réussit, nous verrons de belles choses; mais il est
à croire qu'elle ne réussira pas et que les femmes,
occupées par des sentiments profonds, continueront, sous l'impulsion de ces sentiments, à écrire
à ceux qui en sont l'objet ces simples lettres qui
vont au cœur. Quant à l'éducation morale, des manières et du caractère, je sais à Paris une pension
du grand genre, où une fois la semaine se donne
un thé que sert chacune des pensionnaires à tour
de rôle. Celle-ci joue à la maîtresse de maison, le
reste à la dame qui va dans le monde ; on s'exerce

au naturel. J'imagine qu'on parle du dernier bal, de la pièce nouvelle ou du roman nouveau, et qu'on dit un peu de mal les unes dés autres pour donner à la chose un air de vérité.

Sur l'éducation des garçons, on aura remarqué que M. Prevost-Paradol est très dégagé du lieu commun ; il m'a fait réfléchir sur quelques points qui valent d'être discutés librement. On répète, dans les discours de distribution des prix, que le collège est l'image de la vie ; si j'ai fait quelque discours de cette espèce, j'ai dû le dire certainement ; à l'examen cela est moins sûr. Voici d'abord ce qui me semble toujours vrai de la vie de collège. On y apprend à compter sur soi ; la famille est une eau qui vous porte : ici il faut toujours nager, sous peine d'aller au fond. Ce principe forme l'intelligence et le caractère : pour l'intelligence, c'est la nécessité sentie du travail ; pour le caractère, la nécessité sentie aussi de faire sa place dans ce petit monde, en luttant et en cédant, par l'observation du pays où on se trouve, par un mélange de courage et de résignation qui servira toute la vie. Enfin on apprend, comme l'a remarqué notre auteur, l'égalité. Mais cela noté, notons pareillement le reste. La grande vertu du collège est la camaraderie, qui comprend la solidarité entre élèves et la haine du maître ; avec celle-là, on peut se passer des autres vertus, on peut même se les permettre, et c'est très bien, mais peut-être n'est-ce pas assez : plus tard, du moins, il y aura besoin de quelque chose de plus, qu'il ne serait pas mal de commencer à avoir de bonne heure, de peur que, quittant à un moment cette opposition de collège, on ne se trouve tout à coup un mérite sans emploi. — La force joue, dans cette société, un grand rôle : elle vide les querelles et fait des supériorités ; dans le monde, les choses ne se font pas ainsi : en attendant que les mœurs anglaises ou corses nous viennent, les différends ne se terminent pas avec cette simplicité. — Au collège on juge carrément les gens et les choses ; dans le monde, tout n'est que nuances. Ainsi, dans la provision que les écoliers emportent du collège, il y a, avec la science et les qualités du lieu, un certain nombre d'idées fausses et une certaine rudesse, compromettantes dans le pays où on va. Il n'est donc pas absolument vrai que le collège soit l'image et l'apprentissage de la vie. Je ne parle pas de la protection, qui ne peut rien là, et qui peut beaucoup, comme on sait, dans le monde, parce que je ne vois pas la nécessité de former nos enfants trop vite à cette allure, et qu'il paraît qu'ils la prennent assez bien tout seuls.

Le plus clair que les jeunes gens emportent de

l'éducation publique, c'est le sentiment de l'honneur. Or l'honneur est une belle chose, mais il est surtout négatif, il ordonne surtout de s'abstenir ; puis il ne règle guère que les rapports sociaux ; enfin il a, dans chaque temps, dans chaque pays, dans chaque corps, ses règles, qui ne sont pas toujours les règles de l'honnêteté pure : il ordonne de payer ses dettes, mais il ne défend pas d'en faire et de les faire payer par une famille que l'on ruine. Il faut donc d'autres principes, qui suppléent aux imperfections de celui-là, et qui maintiennent la volonté, en attendant que la raison soit mûre, alors que les croyances du jeune âge sont ébranlées ou détruites.

La famille peut et doit donner ces principes ; les donne-t-elle en effet ? Généralement, voici quelle est en France l'éducation religieuse et morale de la famille. D'abord l'éducation religieuse. Le père, peu préoccupé de ces questions, en parlant peu s'il en parle, le faisant ou librement ou avec une convenance transparente, pratiquant peu ou point; la mère, dans une vie très occupée, faisant à la dévotion sa part ; les pratiques imposées par elle aux filles toujours, aux garçons jusqu'à un certain âge; un temps réservé à son influence, le temps de la première communion, le père sachant qu'il y a des nécessités sociales et que le grand mysticisme de

ces jours-là ne durera point ; plus tard, les enfants
regardant autour d'eux pour comparer la place que
le sentiment religieux tient dans leur cœur avec
la place qu'il tient dans le monde, la fille le modé-
rant pour l'accommoder au milieu où elle vit, le
fils respirant l'air sceptique du siècle, et enchanté
de faire l'homme en pensant comme on pense,
presque toujours passant de la ferveur à l'indifférence ou au mépris. En fait d'éducation morale,
les enfants n'ont d'ordinaire que de bons conseils,
et je veux qu'ils n'aient pas de mauvais exemples ;
mais les conseils ne suffisent pas, et les exemples
n'agissent pas s'ils ne font une puissante impression ; or, pour cela, il faut autre chose que l'honnêteté négative et banale ; il faut une discipline
égale, une ferme tenue, une habitude de raison, de
courage, de bonté, le respect mutuel des parents,
la juste autorité sur les enfants, la dignité du dedans et la considération du dehors, tout un ordre
qui, comme l'ordre du monde, se sent et vous pénètre ; rien enfin ne manquera si la famille a été
frappée une fois rudement, et si les enfants ont vu,
outre les vertus de chaque jour, les vertus des
temps difficiles. Mais je me trompe, il manquera
encore ce qui se trouve dans les maisons où un fils
s'exerce, sous l'œil et la main de son père, à faire
son métier d'homme, soit qu'il s'agisse d'une fonc-

tion ou de l'administration de sa fortune ou de l'action politique, et, au défaut des deux premiers travaux, car on n'hérite pas toujours d'une fonction ni d'une fortune, le troisième au moins, l'action politique, où il y a place pour la tradition, pour l'exemple, le conseil, où il y a pour les plus humbles, s'ils le veulent, de la grandeur.

Dites-nous donc maintenant quelle est l'influence possible des parents sur les enfants, quand ils n'entrent presque point ni dans leur existence religieuse, ni dans leurs existence morale ? Et dites-nous s'il y a, la plupart du temps, en France, quelque chose de plus que cela ?

Alors, comment se fait l'éducation ? Elle se fait, dans la famille, par les réflexions tacites des enfants sur ce qu'ils voient et qu'ils entendent ; dans le monde, par ses propos et ses spectacles, par les romans et le théâtre, ces conseillers non suspects, ces précieux initiateurs à la vie. Ces maîtres sont-ils sûrs ?

Je ne sais pas si le théâtre est l'image du monde, mais les jeunes filles que le théâtre représente ont un caractère assez curieux. Ce ne sont point des personnes ignorantes de la vie et timides dans leurs paroles, timides dans leurs actions; promptes à la résolution et à la répartie, elles vous tranchent dans le vif d'une situation délicate, connaissent le vice d'alentour et leur vertu, et s'expliquent sur tout cela avec les hommes qui les admirent. Ce ne sont plus précisément des jeunes filles, mais d'honnêtes garçons ; je crois qu'elles y perdent. Les pères ne sont pas, au théâtre, tout à fait à leur avantage : on ne représente guère plus que les hommes d'argent, qu'on prend plaisir à maltraiter. Et je trouve qu'on a tort. Il est vrai qu'ils volent, mais ils volent en bons pères de famille, pour apporter à leurs petits ; à l'intérieur, ils ne sont pas tyrans ; ils sont beaucoup mieux que les anciens pères : ils ne font plus de morale, ils ne maudissent plus, ils sont les camarades de leurs fils, entendent la plaisanterie et ont de l'esprit. Si Harpagon et Cléanthe revenaient au monde, si Cléanthe se trouvait devant son père, qui lui prête à usure et le nantit d'objets de bric-à-brac, ils riraient bien tous les deux. « N'as-tu pas honte, dirait le père, de te ruiner si niaisement ? — Et toi, mon père, n'as-tu pas honte de donner à ton fils des valeurs qui n'ont pas cours ? Ne sais-tu pas que les guitares ont horriblement baissé et que les lézards empaillés ne sont plus cotés à la Bourse, parce que les apothicaires eux-mêmes n'en veulent plus ? — Toi, mon fils ? reprendrait le père ; non, tu n'es pas mon fils : de ma vie je n'aurais emprunté à 25 pour 100. Va ! tu ne seras jamais qu'un actionnaire des

docks. » Lisant, ces jours-ci, une comédie nouvelle, à grand succès, j'avais plaisir à voir un père
abandonné de sa femme, se donner à l'éducation
d'un fils qui va avoir vingt ans bientôt et dont l'affection le récompense. Je fus un peu déconcerté
en voyant le fils annoncer à son père, à brûle-
pourpoint, qu'il se marie ; mais le rare est la réponse du père, qui lui demande « en son langage »
s'il a « l'expérience de ces écueils contre lesquels
on risque de briser le bonheur des autres ; » ce qui
signifie que, s'il n'a pas mené la vie de garçon, il
risque de rendre sa femme malheureuse. Le fils le
rassure, en lui rappelant les mémoires de robes
qu'il a payés, et l'excellent père, tranquille maintenant, donne de grand cœur son consentement au
mariage. Ce sont les pièces morales.

Les romans en vogue ne sont pas de ces romans
d'autrefois, où on perdait tant de temps à s'aimer
avant de se le dire, puis à se combattre après se
l'être dit, pour souffrir éternellement d'une faute
ou en mourir. Nous avons simplifié tout cela : la
littérature réaliste a fait justice de ces préjugés de
la morale et du sentiment, et nous a ramenés à
l'état de nature. Bénis soient ces romanciers ! Ils
apprennent le vrai de la vie à ceux qui y entrent.
Ils ont seulement le tort de ne pas tout dire : outre
leur réalité, il y en a une autre. La vie sans le

rêve, sans le sentiment, sans la poésie, sans le sacrifice, n'est pas la vie ; ce sont par eux-mêmes des
plaisirs qui donnent le prix aux autres et leur sur-
vivent.

Après avoir cherché ce qui peut assurer le jeune
homme dans le bien, je ne trouve que ceci : le respect pour le père et l'affection pour la mère. J'ai
parlé de l'impression que fait sur l'âme du fils
l'exemple de son père ; je dirai quelque chose de
l'autre influence.

Qui pense à lui sans cesse ? qui ressent ses peines
et ses joies plus vivement que lui-même, tremblant
et priant pour son bonheur ? qui, s'il était malade,
veillerait à son lit jour et nuit ; s'il était malade au
loin traverserait les terres et les mers ; s'il était dis-
gracié, infirme, le soignerait avec amour ; s'il mou-
rait serait frappé à mort ? Comptez combien de
fois ce cœur bat : aux premiers tressaillements de
l'enfant, à son premier cri, dans les maladies et les
mille accidents qui font de sa vie un miracle perpétuel, dans les longues années de l'éducation, aux
signes qui, annonçant l'intelligence et le caractère,
présagent l'avenir, à cette séparation où il se dé-
tache de sa mère une seconde fois, cette fois non
plus pour entrer dans la vie et dans l'amour de la
famille, mais dans le monde, dans l'inconnu.
Comme elle voudrait arrêter le temps ou le dévo-

rer ! Etonnez-vous ensuite qu'à des moments ce cœur se fatigue de battre, qu'il ait des tristesses profondes, de grands découragements, et qu'il demande à Dieu son repos. Il y a bien des merveilles dans l'univers, mais le chef-d'œuvre de la création est encore le cœur d'une mère. On comprend cette affection au premier âge, et plus tard, par la comparaison, ou quand on ressent quelque chose de pareil; mais l'âge qui la comprend le moins est la jeunesse qui, avide de liberté, ombrageuse, pleine d'une confiance superbe et d'une haute estime pour sa dignité d'homme, avec le naïf égoïsme de l'instinct, et avec ce quelque chose de brutal qui accompagne le sentiment de la force naissante, passe à côté de ces délicatesses sans les voir, ou passe à travers et les blesse, de par le droit au plaisir. Heureux le jeune homme qui rend à sa mère les contentements et les caresses qu'il en a reçus ! Et puisse-t-il, un jour, soutenir la vieillesse de celle qui a soutenu ses premiers pas !

(1856-1857.)

DE

L'ENSEIGNEMENT POPULAIRE[1]

Il avait été promis que la France serait pourvue d'un vaste enseignement professionnel ; une loi a été votée sur ce qu'on a appelé l'enseignement secondaire spécial ; ce n'était pas ce qu'on attendait et les esprits ne s'étaient pas émus pour cela. En définitive, sauf la permission accordée aux collèges municipaux qui y verraient leur intérêt, d'abandonner l'instruction classique pour une instruction moins haute, on n'a rien fait de nouveau : l'enseignement qu'on a créé existait déjà d'une existence quelconque ; on a décrété qu'il vivrait, ce qui ne suffit peut-être pas pour qu'il vive réellement, et

[1] *Rapport sur l'état actuel de l'enseignement spécial et de l'enseignement primaire en Belgique, en Allemagne et en Prusse*, par M. Baudouin, inspecteur général de l'instruction primaire. Un volume in-4° ; Paris, 1865. Imprimerie impériale.

on l'a doté d'un programme, ce qui ne grèvera pas
le budget. L'opinion demandait la fondation d'un
enseignement populaire, préparant à peu de frais
la classe ouvrière aux professions de l'agriculture,
du commerce et de l'industrie ; l'école primaire lui
paraissait insuffisante, et elle désirait, sous un
autre nom, quelque chose comme les écoles primaires supérieures, reconnues par la loi de 1833,
comme l'École Turgot, actuellement en vigueur.
Le législateur a bien senti ce désir, il a senti aussi
qu'il ne le contentait pas ; il a bien vu que l'enseignement annexé aux lycées laissait toute une population en dehors, justement celle qui s'agite
pour arriver ; aussi on a mis dans la loi un article
(article 9), qui permet aux écoles primaires libres
d'élever leur enseignement par l'introduction du
dessin d'ornement et d'imitation, des langues vivantes étrangères, de la tenue des livres et des
éléments de géométrie. Ainsi on engage les autres
à faire ce qu'on regarde comme nécessaire et qu'on
ne fait pas soi-même. Cela nous semble doublement
regrettable. Nous sommes fâché que l'Etat se dé-
sintéresse de l'enseignement populaire, qu'il n'ose
pas faire quelques sacrifices, dont il serait bientôt
récompensé par le développement de l'agriculture,
du commerce et de l'industrie française, car, pour
parler le langage du budget, sans oublier l'honneur

national, qui est aussi en cause, il nous semble que l'instruction est un excellent placement. Nous ne sommes pas non plus sans inquiétude quand nous nous demandons qui occupera la place que l'Etat laisse vide ; s'il ne se trouvera pas des maîtres qui, attentifs à offrir aux familles ce qu'elles veulent, une préparation directe aux professions, donneront aux enfants, grâce à cette faveur, des idées et des sentiments qui ne sont pas les nôtres ni ceux de notre société, et créeront des influences dont on sera embarrassé plus tard. Pour qui réfléchit il y a là un sujet de sérieuses réflexions.

Après de telles considérations, nous sommes peu jaloux de disputer sur le nom que l'enseignement actuel a pu recevoir ; bornons-nous à dire qu'il ne nous paraît pas heureux. La loi l'appelle enseignement secondaire spécial ; le mot a plu à la Commission, parce qu'il est vague ; nous aussi, nous reconnaissons qu'il est vague, sans être aussi assuré que ce soit un mérite. La Commission a rejeté le mot *professionnel,* parce que l'enseignement qu'elle propose renferme des connaissances générales utiles à plusieurs professions, et ne tend pas à une seule, comme le font les Ecoles des Arts et Métiers, de Commerce, des Beaux-Arts, etc. Soit ; mais parce qu'un enseignement est général, ce n'est pas une raison pour l'appeler spécial, justement du même nom que les écoles spéciales, où il ne mène point. Et puisqu'aucun nom n'est excellent, le meilleur est celui qui se comprend le mieux ; or le mot « professionnel » est dans ce cas : le premier venu qui le prononce ou devant qui on le prononce, sait de quoi il s'agit ; il n'est personne qui ne distingue tout de suite l'enseignement classique, qui est destiné surtout à orner l'esprit, de l'enseignement professionnel, qui vise à une profession.

Laissant ces querelles pour revenir à la loi même, nous croyons donc qu'elle ne satisfera pas l'opinion : ce ne peut être ni le dernier mot de la société, ni le terme de l'ambition du ministre de l'instruction publique, qui ne se contente pas si aisément, mais qui n'est pas maître du budget. Quelque avis qu'on ait sur quelques-unes de ses idées, on ne saurait dire combien il est dû de respect et de sympathie à cette ardente passion du bien, qui, au commencement, a étonné notre génération très positive, et a fini par gagner ceux qui avaient souri d'abord.

M. Jules Simon, dans son discours au Corps législatif, a jugé nettement la loi sur l'enseignement secondaire spécial : « La loi une fois votée, l'enseignement professionnel restera tout entier à créer. » C'est cela même. Il est probable qu'on aura le loisir

de se préparer à cette discussion future, car en
France nous mettons le temps aux choses, et il n'y
a guère qu'une trentaine d'années que le livre de
M. Saint-Marc Girardin sur l'instruction inter-
médiaire dans le midi de l'Allemagne a paru, et
que la question de cette sorte d'enseignement a été
ouverte. Donc, d'ici à une trentaine d'années,
quand la discussion viendra, nous pensons qu'on
devra lire le Rapport de M. Baudouin, qui est excellent, qui est même, on peut le dire, un Rapport
modèle[1]. Les faits sont exposés avec une netteté
irréprochable, et l'auteur a multiplié les moyens
de les rendre clairs au lecteur. Les jugements sont
extrêmement sobres : au lieu de promener quelque
idée fixe en Belgique, en Allemagne et en Suisse,
et de tout juger par cette idée, M. Baudouin s'est
proposé de comprendre ce qu'il voyait, pour nous
le rapporter ensuite ; il a pensé seulement qu'on ne
comprenait bien aucune institution, si on n'en pénétrait pas l'esprit, et il s'est attaché à nous le montrer ; il a réservé pour la fin les conclusions qu'il
a tirées de ses études, ce qu'il croit que la France

[1] Voir, dans la *Revue des Deux-Mondes* du 1er juillet 1865,
l'excellent article de M. Louis Reybaud sur les travaux suivants :
1° *Rapport à M. le préfet de la Seine*, par M. Marguerin, directeur de l'École Turgot, et M. Motheré, professeur à l'École militaire de Saint-Cyr, 1 vol. in-4°. — 2° *Enquête sur l'enseignement
professionnel ;* Ministère de l'agriculture, du commerce et des travaux publics, 1 vol. in-4°.

emprunterait avec avantage aux peuples qu'il a
visités. Le style du Rapport est partout simple et
ferme ; on y sent une secrète émotion lorsque
l'écrivain observe les progrès qui ont été accomplis
ailleurs dans l'instruction populaire, et qu'il les
souhaite à son pays.

M. Baudouin se sert de cartes teintées de teintes
plus ou moins foncées, pour marquer le degré
d'instruction qui se rencontre en différents lieux.
On sait que ce procédé a été déjà appliqué aux départements de la France ; l'auteur l'emprunte en le
perfectionnant d'une manière remarquable, de
sorte qu'au lieu d'une comparaison vague, on a
une comparaison précise. Où il a innové avec un
grand bonheur, c'est dans la création d'un procédé graphique pour représenter la proportion
des divers enseignements dans une classe ou
dans une école. Il divise une page en un certain
nombre de lignes ; l'intervalle entre deux lignes
représente une heure par semaine ; il colore
d'une certaine couleur un ou plusieurs de ces
intervalles, et applique sur cette couleur le nom
d'un certain enseignement ; cela signifie que
cet enseignement occupe une ou plusieurs heures
de la semaine ; au-dessous il marque d'autres
couleurs d'autres enseignements, et ainsi on
embrasse d'un coup d'œil la durée relative des

divers exercices dans une même classe. Maintenant supposez deux, trois, quatre ou cinq classes, etc. ; il n'y aura qu'à les mettre en autant de colonnes, en regard, sur la même page, et en voyant l'échelle d'une même couleur monter ou descendre, on verra tout de suite le plus ou moins de temps que chaque exercice prend dans toutes les classes de l'école.

L'auteur du Rapport ne s'est pas borné à recueillir des programmes : il a vu et il nous montre comment ces programmes sont appliqués ; quand il rencontre dans un enseignement quelque habitude qui s'éloigne des nôtres, il nous fait assister à la classe même avec lui. Il a raison, rien n'est important que les derniers détails ; il en est de la circulation de l'instruction dans un pays comme de la circulation du sang dans notre corps : les gros vaisseaux le laissent passer ; il ne se revivifie que dans les plus petites cellules des poumons, et ne nourrit les organes que dans les plus petites branches des artères et des veines.

Le résumé de toute l'enquête à laquelle M. Baudouin s'est livré pendant plusieurs mois est que, pour l'enseignement primaire et l'enseignement professionnel, nous avons bien des efforts à faire avant d'atteindre l'Allemagne, surtout l'Allemagne du nord, dont l'auteur parle ainsi :

La nation allemande, fière de ses nombreuses écoles, les montre avec une maternelle complaisance. Nulle part, en effet, l'instruction n'est répandue avec autant de profusion, donnée avec autant de désintéressement, et dirigée avec autant de soin. Le plus petit bourg a son école primaire ; la plus petite ville son gymnase, ses écoles, bourgeoise et réelle, parfaitement organisés, dotés et surveillés. En Allemagne, tout le monde s'intéresse à la jeunesse : les plus hauts personnages et les plus grandes dames lui consacrent leur temps, leur fortune, leur expérience ; les meilleurs écrivains rédigent des livres pour les petits enfants ; les poètes, ont composé, pour les leçons de gymnastique et de chant, des pièces que les plus illustres compositeurs n'ont pas dédaigné de mettre en musique. Le peuple allemand tout entier paraît convaincu que s'occuper de l'instruction de la jeunesse, c'est remplir un devoir personnel et travailler à l'avenir du pays. Chacun se fait volontiers instituteur du peuple et contribue pour sa part au progrès de l'instruction générale.

M. Baudouin a donné plusieurs tableaux teintés pour représenter l'état de l'instruction populaire en Autriche ; dans ces tableaux, les teintes foncées marquent le meilleur état de l'instruction, et les plus claires le plus mauvais état ; or il est curieux de voir la couleur se dégrader, de province en province, à mesure que l'on s'éloigne de l'Allemagne ; cela en dit plus que de longs discours. Lorsque, après avoir visité ces pays d'Allemagne et de

Suisse, florissants d'instruction, on rentre chez soi, on est modeste et un peu attristé ; on éprouverait une profonde douleur si on ne savait combien notre pays va vite dès qu'il se met en chemin. M. Baudouin n'est ni plus humble ni plus fier qu'il ne faut, et il termine son travail par cette juste profession :

Quant à moi, j'estime que je n'aurai perdu ni mon temps, ni ma peine, si je contribue, même pour ma faible part, à détruire ces idées de supériorité universelle que notre amour-propre national se plaît à nourrir secrètement, à inspirer le désir de reprendre en instruction le premier rang qu'en toutes choses nous sommes depuis longtemps habitués à ne laisser occuper par personne, et à faciliter une transformation scolaire que le progrès moderne appelle, et que les conditions nouvelles de la société rendent désormais urgente, indispensable.

Je ne puis résister à dire un sentiment que j'ai eu tout le temps que j'ai lu le Rapport de M. Baudouin sur l'enseignement primaire de l'Allemagne et de la Suisse. J'envie à ces pays leurs nombreuses écoles et leurs nombreux écoliers ; mais il y a une chose que je leur envie encore, et qui me touche tout à fait, c'est ce qu'il y a d'aimable dans leur enseignement, et qu'on voudrait transporter dans le nôtre ; j'en donnerai plusieurs exemples.

En voyant les classes allemandes coupées toutes les heures ou tous les trois quarts d'heure par des récréations, on a honte de notre barbarie qui renferme des enfants dans une classe trois heures de suite, trois heures le matin, trois heures le soir, à un âge qui est ivre de mouvement ; et on ne comprend pas qu'on ait pris, pour les soumettre à ce régime, précisément les enfants français qui sont les plus pétulants de la création. Je sais ce qu'on répond : « Les enfants ne font pas pendant tout ce » temps la même chose ; les études varient, et l'une » repose de l'autre. » Vous croyez ? Ainsi, quand vous étiez au collège, déjà grands, les classes de deux heures n'étaient pas tout ce que vous pouviez supporter, et vous auriez accepté qu'on y ajoutât une heure, pourvu qu'on y ajoutât un autre travail ! Notez que dans les écoles primaires cette variété d'exercices dont on parle, est souvent en effet très marquée, et qu'il y a des classes où l'on varie du catéchisme à l'arithmétique ou à la grammaire. Décidons-nous, je vous prie, à multiplier les récréations [1] et cessons de les regarder comme du temps perdu : quelques instants de relâche, qui rafraîchissent les corps et les esprits, sont du temps gagné.

---

[1] Voir, plus loin, mon article de septembre 1866.

Une fois la durée de la classe ainsi coupée, il reste à l'employer ; les Allemands l'emploient à des exercices bien plus divers que les nôtres. On le sait, l'enseignement de nos écoles primaires se compose d'une partie obligatoire et d'une partie facultative ; la partie obligatoire comprend l'instruction morale et religieuse, la lecture, l'écriture, les éléments de la langue française, le calcul et le système légal des poids et mesures ; la partie facultative, pour laquelle il faut une autorisation du Conseil départemental, comprend l'arithmétique appliquée aux opérations pratiques, les éléments d'histoire et de géographie, des notions des sciences physiques et d'histoire naturelle applicables aux usages de la vie, des instructions élémentaires sur l'agriculture, l'industrie et l'hygiène, l'arpentage, le nivellement, le dessin linéaire, le chant et la gymnastique. On peut assurer que l'enseignement de presque toutes les écoles primaires de la France est réduit à la partie obligatoire ; dans quelques-unes seulement, surtout dans les écoles des villes, il s'est introduit quelques branches de l'enseignement facultatif, le chant, de l'arithmétique appliquée, de la géographie et de l'histoire. Nous n'avons pas besoin de recommander le chant, qui jouit de la faveur populaire : mais on admettra que l'arithmétique appliquée n'est inutile nulle part, et que

ni l'histoire de France, ni la géographie de la
France, avec quelque idée des principales divisions
du monde, des grandes mers, des grandes chaînes
de montagnes et des grands cours d'eau, n'est une
science superflue. S'il y a encore des personnes
qui regardent le dessin comme un objet de luxe, il
y en a d'autres, et tous les jours en plus grand
nombre, qui ne le disent plus ; le dessin paraît enfin
ce qu'il est réellement, un exercice de première
nécessité, et M. Michel Chevalier, dans une séance
récente du Sénat, a justement demandé qu'au lieu
de n'être enseigné dans aucune école, il le fût dans
toutes nécessairement. Pour prendre ensemble le
reste de l'enseignement facultatif, songez à tout ce
qu'il peut fournir, en passant, d'instructions précieuses, faciles et agréables, et d'opérations où on
se porterait avec une vive ardeur. Le nouveau
projet de loi sur l'enseignement primaire rend l'enseignement de l'histoire et de la géographie obligatoire ; c'est un premier pas, que d'autres suivront
certainement. Comme je suis assuré que les enfants
des écoles primaires ne liront pas le *Journal des
Débats*, je dirai ce que je pense de l'enseignement
qui est donné dans ces écoles : il est abstrait, il est
monotone, il est ennuyeux. Il s'étale dans l'analyse
logique. Les esprits qu'il forme excellent à manier
cet instrument puissant : ils décomposent un dis-

cours avec justesse, déterminent exactement la
nature de chaque mot et les rapports que ces mots
ont les uns avec les autres, mais c'est à perpétuité
le même instrument et le même jeu ; le mécanisme
est admirable : ce serait au mieux si ceux qui s'en
servent ne devenaient pas machine à leur tour.
Qui nous délivrera de la scolastique?

Quand on aura coupé et varié les classes, il restera à les animer, à faire agir les élèves. J'entends
les faire agir de toute leur personne, de leur corps
et de leur intelligence. De leur corps, cela se
peut quand on s'y prête. L'enfance est toujours
en mouvement; nous nous fâchons contre cette
activité, les Allemands en profitent : ils ont mis
entre les mains de leurs petits écoliers des
cubes, des rectangles, des bandes de diverses
couleurs, avec quoi ils composent une multitude
de figures extrêmement variées, quelques-unes
charmantes, que M. Baudouin a données dans
son Rapport. Quand les enfants sont plus âgés,
le nivellement, l'arpentage, le dessin rempla-
ceraient ces occupations enfantines. Enfin,
quand même les exercices seraient de pure intelligence, il serait assurément possible de mettre
l'intelligence en action plus qu'on ne le fait dans
nos écoles où le maître seul agit. Il s'épuise pour
faire taire les élèves; que ne prend-il la même

peine pour les faire parler? Que de maîtres on
étonnerait chez nous, et à bien des étages, si on
leur disait que la meilleure discipline est d'intéresser les élèves, et que les élèves ne s'intéressent
longtemps qu'à ce qu'ils font eux-mêmes? Au lieu
de cette parole qui tombe monotone sur des enfants
distraits, quel bon et vrai principe de rendre les
écoliers actifs, de les associer tellement à la classe
que ce soit eux, pour ainsi dire, qui la fassent!
Quel mouvement alors! quelle ardeur! quelle émulation! et comment est-il possible de tuer tout cela,
de le tuer si bien que nos enfants si ouverts, après
nous avoir fatigués de leur curiosité, finissent par
n'être plus désireux de rien savoir? Était-ce donc
là le but des études? Je voudrais transcrire ici plusieurs conversations entre maître et élève, que
M. Baudouin a reproduites et qui rappellent l'aimable méthode de Socrate; peut-être donneraient-
elles l'idée ou le goût de les imiter; mais que
demandé-je? et que regretter dans un enseignement comme le nôtre, qui ne compromet pas une
minute la majesté de l'instituteur français ni l'ordre public? En fait d'enseignement, comme de
plusieurs autres choses, nous sommes habitués à
entendre le mot que l'on sait de l'officier instruc-
teur à sa troupe : « Le plus beau mouvement du
soldat, c'est le repos. »

On comprend quelle réforme nous désirerions voir introduire dans nos écoles, à l'imitation des pays dont M. Baudouin nous a entretenus : nous voudrions couper, varier, vivifier les classes. Pour tout dire, en un mot, l'idéal de l'enseignement français est le régiment, avec la sainte discipline et les esprits en uniforme ; l'idéal de l'enseignement allemand, c'est la famille. De là une méthode libre et familière, qui se plie aux mouvements de ces jeunes âmes, les place en pleine nature, leur fait voir les choses, leur donne l'envie de s'en approcher pour les connaître, et les invite à marcher en les soutenant légèrement. Mais que de soins il faut prendre pour enseigner ainsi ! Il est bien plus commode de s'en tenir à la routine, qui va toute seule, cette bonne routine. Depuis qu'il y a des Français, c'est elle qui les élève, et il est à croire que de sitôt elle ne perdra pas le privilège de les élever.

Ce n'est pas une raison pour qu'on la respecte, et il faudra bien qu'elle disparaisse à la fin. Il y a eu un temps, et il a été long, où les petits enfants étaient enfermés dans des maillots qui comprimaient leurs membres, et les empêchaient de se mouvoir et de se fortifier ; cette coutume a enfin cessé, et pour cela il n'a pas fallu moins que l'éloquence d'un homme de génie, de J.-J. Rousseau. Il a emporté avec lui son éloquence, mais les âmes les plus humbles peuvent avoir la même sympathie qu'il a eue pour de pauvres créatures que l'on tourmente gratuitement, et il est difficile de ne pas l'avoir lorsque, entrant dans une école, on voit des enfants immobiles pendant de longues heures sur des études sans attrait. On commence enfin à s'émouvoir en leur faveur ; parmi ceux qui agitent les réformes, on commence à penser qu'il est mal de gâter cet heureux âge par des barbaries inutiles, comme s'il n'y avait pas assez des chagrins que la vie ne manquera pas de leur apporter ! on se met enfin à défendre cette nation des enfants, qui ne peut pas se défendre elle-même. Que la politique se rassure, elle ne déroge pas en s'occupant de cela. Quand elle a fait les grandes choses auxquelles elle se plaît, il lui reste à faire quelque chose d'aussi grand, ce que l'humanité inspire : compatir à ceux qui souffrent ; ce que l'honneur exige : protéger les faibles ; ce que le christianisme recommande sans cesse : aimer les petits.

Mais, hélas ! cette espérance d'une réforme si belle dans l'instruction n'est peut-être que l'illusion d'un homme qui rêve en écrivant. Comment ne rêverait-il pas, s'il est vrai que la vie intellectuelle n'est pas tout pour tout le monde, et qu'il y a place pour bien des songes dans une existence sans action ? Travailleur solitaire, en tête-à-tête avec lui-même, devant ce papier qui lui montre ses fautes et qu'il rature impatiemment, toujours mécontent de ce qu'il a écrit; trop sincère pour qu'un peu de réputation le contente; jetant ses idées comme les graines au vent, sans savoir où elles tomberont, sur la terre ou sur la pierre, ni si elles lèveront; aux prises avec un public invisible, il voudrait voir ce public; plutôt que ces auditeurs auxquels il a peu à apprendre, il choisirait les esprits les plus simples, qui sont les plus avides; il choisirait les vérités les plus simples, qui sont les plus solides; il voudrait se sentir pénétrer dans ces esprits, y éveiller l'intelligence et la lire dans les yeux d'un enfant.

(Août 1865.)

DE L'ABUS DES CONCOURS

On nous permet de nous préoccuper de l'instruction publique, par une ancienne habitude et un souci de bon citoyen qui se dit combien cette question est importante ; on sait aussi que nous ne sommes pas suspect de mauvais vouloir envers l'administration actuelle. Nous pouvons donc sans crainte indiquer ce qui chez elle nous inspire quelque inquiétude : une disposition à la fois honorable et périlleuse, l'imagination dans le bien. Ainsi en ce moment elle s'est éprise du concours et désirerait l'appliquer partout, ce qui est trop. Voici, en effet, son idéal en partie réalisé, en partie espéré : dans l'instruction primaire, concours cantonal entre les élèves des écoles communales ; concours d'arrondissement entre les lauréats des cantons ; concours des départements entre les lauréats des arrondissements. On ne parle pas encore d'un concours général entre les lauréats des départements. Dans l'instruction secondaire , concours entre les lycées d'une même académie, concours entre les lycées de tous les départements, concours entre les lycées de Paris et de Versailles, concours entre les lycées de Paris et ceux des départements. Il semble qu'il soit malaisé de pousser le concours plus loin ; mais on a prévenu les lauréats futurs du concours général de 1867, pour Paris et les départements, que leurs travaux, quels qu'ils soient, seront envoyés au comité de l'Exposition universelle, et on invite les autres nations à en faire autant. Nous ignorons si ces nations accepteront le défi ; en tout cas, il nous semble qu'après cela on sera au bout des concours, à moins qu'on ne mette à la tête de l'instruction publique un des philosophes ou des savants qui croient à la pluralité des mondes habités (l'idée est maintenant en faveur), et que les spirites, par un coup de maître, ne nous fassent parvenir les compositions des lycées de Jupiter, de Saturne, d'Uranus et de la planète Le Verrier, ce qui constituerait enfin une véritable Exposition universelle. Nous comptons qu'arrivé là on s'arrêtera ; jusqu'à ce qu'on y soit arrivé, il manquera toujours quelque chose, un je ne sais quoi, à nos plus vastes concours, et, fussent-ils composés de toutes les nations de la terre, il leur restera un faux air de concours cantonal.

Le concours, tout le monde l'avoue, est un motif d'émulation; mais cette émulation peut être plus ou moins bien entendue; elle peut, par exemple, exciter les concurrents à perfectionner toutes leurs facultés ensemble, ou à perfectionner une faculté au détriment des autres; elle peut faire des spécialités ou des hommes; elle peut aussi, au lieu de rester l'émulation entre les élèves, devenir une émulation entre les maîtres, qui, pour obtenir des primes, fabriqueraient des produits artificiels, ainsi qu'on prépare pour les Expositions des sujets chez qui on a développé une partie utile aux dépens des parties inutiles, comme est la tête généralement; en un mot, des créatures auxquelles le créateur n'avait pas pensé. Il y a deux sortes de préparation au concours : l'une large, l'autre étroite. La première consiste à former librement l'intelligence elle-même, qui, une fois forte, porte sa force où elle veut; la seconde consiste à faire de cette intelligence une machine, avec la perfection d'une machine. Le premier moyen est plus avouable, le second est plus expéditif; c'est celui que nous voyons appliquer tous les jours à la confection des bacheliers pressés ou attardés, celui que leur inspire leur instinct. Or, n'est-il pas à craindre que l'instinct des maîtres ne leur inspire le même procédé pour obtenir de prompts résultats, et qu'ils ne sacrifient la préparation large à la préparation étroite? Les prix de classe ont ceci de bon que nul n'y brille s'il n'a travaillé également en tout, que chacun y donne sa mesure entière, et pour ainsi dire ses dimensions. Si quelques lauréats des concours se montrent supérieurs dans tous les exercices, nous les félicitons sincèrement, mais ce ne saurait être qu'une exception; la loi est qu'en vue du succès au concours chaque élève fasse principalement, quelquefois uniquement, ce qu'il fait le mieux et néglige plus ou moins le reste.

De même qu'un maître est tenté de développer exclusivement, dans un élève, la faculté qui promet davantage pour le concours, il est aussi tenté d'accorder beaucoup plus d'attention aux élèves à succès qu'aux élèves ordinaires. Nous ne connaissons rien de plus regrettable. L'enseignement public doit avant tout se proposer d'élever au même niveau, le plus haut possible, les esprits et les âmes; s'il récompense, comme il est juste, le talent, il n'exige que la bonne volonté, il la suscite et l'encourage; un maître est comme un père, qui a la même affection pour tous ses enfants, mais qui aide davantage les plus faibles.

Dans cette course aux prix d'éclat, il y aura quelque chose qui certainement souffrira : c'est la simple éducation, car elle ne figure pas et ne peut pas figurer aux concours ; elle n'a ni grammaires, ni dictionnaires ; elle se forme lentement, par une action insensible ; elle commence à fleurir dans l'école, mais elle n'a toute sa force qu'après, dans les épreuves de la jeunesse et de toute la vie. Un maître qui se préoccupe de l'éducation ne consentira jamais à courir le grand chemin, droit et sec, des concours ; il prendra son temps, il en perdra ; la meilleure leçon qu'il donnera à ses élèves sera de leur montrer qu'il ne songe pas à lui, aux succès qu'ils peuvent lui rapporter, mais à eux seuls, et que, si désirable que soit le talent, il y a quelque chose au-dessus. Nous craignons donc qu'en vue des concours un maître ne soit tenté de choisir un élève entre les élèves, une faculté entre les facultés, et de sacrifier l'éducation à l'instruction ; nous disons qu'il sera tenté, rien de plus, mais c'est trop. Si les maîtres qui occupent déjà une haute position, par conséquent indépendante, et qui se soutiennent ou s'avancent par d'autres services, ont de la peine à résister à la tentation, on sent à quel point elle sera forte pour les autres, qui n'ont que ce moyen de se tirer de l'obscurité.

Ne croyons pas qu'en superposant les concours

on ajoute une récompense à une récompense ; non, on détruit l'une par l'autre. Quand il n'y a de prix que les prix de classe, ils ont toute leur valeur, ils contentent ceux qui les obtiennent et excitent les désirs de ceux qui ne les ont pas obtenus ; mais si on crée un concours au-dessus de celui-ci, les prix, tout à l'heure si estimés, se ternissent; on n'a plus d'yeux que pour ces couronnes plus brillantes, et elles se terniront à leur tour si on institue un concours supérieur à celui-là. Lorsque revient, chaque année, cette solennité des collèges, qui devrait être une fête sans nuage pour les enfants, les maîtres et les familles qui ont fait leur devoir, s'il est arrivé que le collège n'ait pas eu de succès dans un concours de plus grand apparat, la fête est gâtée, on est triste, on est honteux ; l'élève accompli qui a emporté tous les prix de sa classe est comme humilié; il ne paraît plus qu'un sujet estimable, qui pourra se distinguer dans une localité, mais qui n'ira pas loin et ne connaîtra pas la gloire. Gardez votre gloire et laissez à ces enfants la bonne joie d'avoir bien fait ; laissez-les applaudir par les camarades qui ont été tous les jours de l'année leurs témoins et leurs rivaux; laissez-leur les ambitions modestes, l'ambition d'avoir un nom dans le petit monde où ils vivent, et de se faire bien connaître là où ils sont connus.

Nous nous prenons souvent à réfléchir combien
les concours, leurs succès retentissants et le clas-
sement qu'ils opèrent donnent une idée fausse du
monde réel. Quelle renommée subite, quelle situation hors ligne pour une bonne composition, et après
que de mal il faut se donner pour arriver à se faire
remarquer un peu, sans assurance de l'être? N'eût-
il pas été plus utile de proportionner la récompense
au mérite, de la choisir humble comme lui, et même
d'enseigner au mérite qu'il n'y a pas toujours une
récompense toute prête qui l'attend? Osons montrer aux enfants la vérité que ces pompes officielles leur cachent. Il y a un grand concours, universel et perpétuel, celui de la vie, qui a lieu tous
les jours entre tous les hommes venus de toutes
parts. Il importe seul ; c'est pour celui-là qu'il faut
préparer des hommes de bonne volonté, qui travaillent avec courage et qui sachent être contents
ailleurs qu'au premier rang.

(Août 1865.)

L'ABUS DES GRANDS COLLÈGES

Les Français ont la manie de vouloir corriger
les abus, et rien ne les corrige de cette manie; du
reste, c'est la folie la plus innocente : on se fait
plaisir et on ne fait tort à personne, pas même aux
abus. C'est pour cela que nous nous permettons
sans scrupule d'inviter l'Université à certaines réformes. Dernièrement, nous la priions de se défier
de son penchant à exagérer les concours, et de
substituer à cette excessive émulation de briller la
bonne et toujours bonne émulation de savoir, en
animant encore, s'il est possible, ses leçons; nous
demandions dans l'enseignement de ses écoles primaires et de ses collèges plus d'intérêt et moins
de gloire; si elle consent à cette première réforme,
ne pourrait-elle pas aussi se défier du goût invé-

téré qu'elle a pour les grands établissements,
et ne trouvera-t-elle pas qu'il vaut mieux multiplier ses maisons dans le pays, que de multiplier
ses élèves dans une même maison ? Il n'est pas
besoin de dire que si, dans l'organisation actuelle,
le traitement des fonctionnaires dépend, pour une
part, du chiffre de la population d'un collège, il
devrait eh être indépendant, et qu'on devrait avoir
la permission de faire le bien des élèves sans faire
en même temps le mal des professeurs.

On entend sans cesse parler de maison prospère,
de collège florissant ; il est probable que le même
mot ne signifie pas la même chose pour tout le
monde. Pour un économe ou pour la commission
des finances d'un conseil municipal, il signifie un
beau budget ; pour un ami de l'enseignement laïque
ou ecclésiastique, il signifie que l'opinion publique
penche du même côté que lui ; pour ceux qui demandent à l'éducation de conduire aux diplômes
ou aux écoles, il signifie que cet établissement
produit beaucoup de bacheliers ou fait recevoir
beaucoup d'élèves à l'Ecole Polytechnique, à l'Ecole
de Saint-Cyr, etc. Rien de tout cela n'est méprisable ; nous estimons comme il est juste les succès
aux examens, la faveur de l'opinion et les budgets
en bon état ; mais, si vous voulez, songeons un peu
moins à la maison et un peu plus à ceux qui l'ha-

bitent; or, nous n'apprenons rien à personne en rappelant qu'une petite maison ne se gouverne pas comme une grande; qu'à mesure qu'elle s'étend, elle se gouverne par des règles de plus en plus générales, que les individus disparaissent de plus en plus et s'effacent devant l'ordre abstrait; un administrateur se transforme nécessairement avec l'empire qu'il administre, et, à un moment, il devient comme les dieux, dont on a dit qu'ils s'occupent des grandes choses et négligent les petites. Il n'y a qu'un malheur, lorsqu'il s'agit d'un collège, c'est que ces petites choses sont les dispositions toutes personnelles des enfants, leurs bons et leurs mauvais sentiments, la force et la faiblesse de leur caractère, enfin ce qu'ils donnent de prise pour les saisir, l'accès qu'on trouve en eux quand on pense qu'il vaut la peine d'y pénétrer, et que si l'ordre général est un bien considérable, la plus humble des âmes n'est pas d'un moindre prix.

Notre collaborateur et ami M. Xavier Raymond racontait l'autre jour, dans ses articles sur les escadres cuirassées de la France et de l'Angleterre, que dans nos batteries de frégates, les noms des personnes ont été remplacés par des nombres qui indiquent une multitude de choses à la fois : « Ainsi, dit-il, en prenant un chiffre au hasard, il se » trouvera que le chiffre 1865 veut dire un tribor-

» dais qui mange à tel plat, qui est attaché à telle
» pièce, qui occupe telle place dans la manœuvre
» sur le pont, qui est chaloupier ou grand canotier,
» fusilier ou timonier. » Quand nos lycées auront
acquis les vastes proportions qu'on rêve pour eux,
il nous semble que le procédé de la marine de
l'Etat leur sera utilement appliqué, et que l'administration y aurait tout avantage. Ce même nombre
1865, par exemple, pourrait signifier qu'un élève
est interne, de la division des petits, des moyens
ou des grands ; qu'il est dans telle classe de sciences
ou de lettres ; qu'il joue dans telle cour, mange
dans tel réfectoire, dort dans tel dortoir, qu'il est
catholique, israélite ou protestant, enfin quelque
chose comme sa longitude et sa latitude, tout ce
qu'il est nécessaire de connaître pour savoir, à une
minute donnée, où il est, et empêcher qu'il ne se
perde. Combien un chiffre est supérieur à un nom
de famille et à un petit nom, qui disent bien
quelque chose à un père, à une mère, à des frères,
des sœurs et des amis, qui parlent bien d'intelligence et de caractère, de ce qu'on appelle une personne, mais qui embrouillent la tête d'un administrateur ! Nous avons l'air de plaisanter, au fond il
n'en est rien : un proviseur est un homme, comme
un colonel ; il n'est capable de classer dans son
esprit qu'une quantité donnée d'individus, et de

moins en moins à mesure qu'il se les retrace avec plus de détails. Lors donc qu'on l'oblige à classer dans son esprit une trop grande quantité d'individus, il y réussit à condition de ne prendre de chacun d'eux que quelques notions sommaires, celles qui intéressent l'ordre général de la maison, et il est parfait dans son art quand le nom de l'élève arrive à ne plus signifier pour lui que ce que signifie cet admirable chiffre 1865, ou tout autre pareil; là où il y avait une personne, il y a maintenant une abstraction, un nombre, un compartiment, un carton.

Le vrai problème de l'éducation publique est de trouver un moyen terme entre la discipline du régiment et les mollesses, les gâteries de la famille ; car la discipline du régiment n'est pas faite pour des enfants, et les mollesses de la famille ne font pas des hommes. Avec les grandes agglomérations d'élèves, il n'y a plus à chercher ce moyen terme : tout va au commandement. Je sais que chez nous cette régularité, cette marche au tambour ne manque jamais son effet, et que pour quelques Français c'est un des plus beaux spectacles de la création ; mais d'autres sont moins enthousiastes : ils voudraient pour cet âge tendre, pour ces âmes incertaines et pliables en tous sens, une main à la fois ferme et flexible, une direction tempérée de raison et de bonté, qui, attentive aux personnes, à leurs diversités originelles, aille toucher sûrement dans chacune le ressort que la nature y a mis. Qui de nous, dans son enfance ou sa jeunesse, n'a senti le besoin d'une telle direction, et s'il l'a rencontrée, n'en a gardé un vif souvenir, plein de reconnaissance? Qui, de nous aussi ne souhaite de retrouver cela pour ses enfants ?

Nous ne voulons pas presser ces considérations que nos lecteurs achèveront aisément. Si elles sont justes, la conclusion pratique qui nous paraît en devoir sortir, c'est qu'au lieu d'accumuler les élèves dans un collège, l'État et les villes feraient bien de multiplier les collèges, en les invitant à se rapprocher autant que possible de ce modèle naturel : une famille bien ordonnée.

(Octobre 1865.)

UNE CIRCULAIRE MINISTÉRIELLE

On sait que M. le ministre de l'instruction publique a autorisé les proviseurs de Paris et de Versailles à envoyer au lycée du Havre, pendant les vacances, les élèves qui devraient passer ce temps au collège ; le lycée de la Rochelle est autorisé de même à recevoir les élèves du ressort académique de Poitiers, et le ministre se déclare prêt à généraliser cette mesure ; il a pensé que « le séjour de » quelques enfants dans de grandes maisons vides » de jeux et de travail est fort triste », et il désire « changer cette tristesse en plaisirs utiles au corps » et à l'âme ». Tandis que des enfants vont à la mer, d'autres, du centre de la France, du sud et de l'est, pourraient aller aux montagnes, dans les Pyrénées, les Alpes, la Suisse et l'Auvergne, en excursions. Et qui empêcherait que ce qui se fait

aux vacances de septembre se fît aux vacances de Pâques ? Cela même a été essayé deux fois avec succès par le directeur du collège Rollin. M. Duruy ajoute : « Ce que je prescris pour le temps des va-
» cances, je suis disposé à le faire durant les étu-
» des mêmes. L'Université, qui n'est qu'une grande
» famille, peut avoir des lycées d'hiver et des
» lycées d'été, pour les enfants dont la constitution
» délicate exige des soins et un régime particuliers.
» Ainsi quelques-uns de nos lycées de l'Ouest rece-
» vraient, de juin à octobre, pour un temps déter-
» miné, les enfants à qui l'air des côtes ou les
» bains de mer seraient recommandés ; ceux de
» Nice, de Pau et de Montpellier donneraient une
» hospitalité attentive, durant la saison rigoureuse,
» aux élèves qui auraient besoin d'un climat plus
» doux. »

Nous avons été très heureux de lire cette circu-laire, qui, nous l'espérons, ne restera pas à l'état de circulaire. Sur ce qui intéresse la santé et la vie des enfants il ne saurait y avoir de discussion ; quant aux excursions pour les bien portants, nous n'ignorons pas qu'elles peuvent offrir quelques difficultés, qu'il y faudra tout un apprentissage pour les maîtres. Ils avaient l'habitude de parler aux élèves au nom du règlement et ne sont pas faits à l'espèce de commerce qui naît des courses en commun ; ils auront à maintenir leur autorité et à la rendre plus flexible, ce qui leur demandera beaucoup de tact, mais n'a rien d'impossible ; certainement ils gagneront à connaître les enfants dans cette vie plus libre où les caractères se montrent, ils apprendront quelle prise ils peuvent avoir sur eux ; ils découvriront sous l'uniforme des natures diverses qu'ils traiteront diversement, enfin ils seront de toute façon plus près des enfants, ce qui est bon pour les conduire.

Il y a de moins en moins, mais il y a encore des professeurs convaincus que l'enseignement n'est pas efficace si on n'y ajoute quelque rudesse ; c'est leur manière d'enfoncer les leçons dans les esprits. Ils rappellent ce père de famille qui, donnant à son fils un précepte de morale, lui donna en même temps un soufflet afin que le soufflet gravât le précepte. Passe pour une fois ; mais franchement ce n'est pas une méthode, et il n'y aurait pas de mal à varier un peu le procédé, à essayer, par exemple, ce que le goût pour le professeur peut inspirer de goût pour l'enseignement à ces esprits impressionnables et mobiles, qui ne savent qu'aimer ou haïr à l'excès, et qui aiment ou haïssent les lettres, l'histoire, la philosophie, les sciences, selon le maître qui les leur apprend.

Nous dirons donc à la famille et au collège :

faites à vos enfants une provision de souvenirs.
Vous prenez de la peine, vous vous imposez des
sacrifices, vous ne les cachez pas aux enfants, et
vous avez raison : il faut qu'ils sachent qu'on ne
s'épargne pas pour eux; cependant ne vous en
tenez pas là. Quand vous aurez obtenu d'eux ou
que vous serez en voie d'obtenir ce qui est nécessaire dès maintenant, c'est-à-dire la discipline, le
travail et le caractère, contentez un peu cette curiosité, cette imagination, ce sentiment, cet inquiet
désir de vivre qui s'agite en eux : qu'ils voient,
qu'ils entendent, qu'ils se meuvent, qu'ils agissent,
qu'ils soient en fête ; le temps que vous croyez
perdu n'est pas du temps perdu. Il ne serait pas
perdu, quand même tout cela ne servirait qu'à
animer l'existence de la maison et du collège, à
encourager à bien faire ; mais ces premiers plaisirs
goûtés par des âmes avides ne s'effacent pas aisément. Lorsque les jeunes gens, devenus des hommes, sont jetés dans le monde, aux prises avec la
vie, qui est pour nous tous un combat, ils se repor-
tent obstinément vers les temps qui ont précédé ;
là, ils retrouvent la famille, son affection, sa douceur et ses joies, comme un paradis perdu ; puis-
sent-ils retrouver quelque chose de la famille dans
le souvenir de la maison où ils ont été élevés,
confondre dans un même sentiment de reconnais-

sance tous ceux qui les ont faits ce qu'ils sont, se représenter avec charme l'épanouissement des jeunes années, leur intelligence et leur âme qui s'ouvraient dans un air ami, le respirer encore et s'y rafraîchir ! J'aime l'enfance ; elle m'attire, je l'envie, et pourtant elle m'inspire comme une certaine tristesse lorsque, considérant cette existence légère, ces joies faciles et ces chagrins à fleur d'âme, je songe à ce que l'avenir fera peut-être de tout cela ; aussi je voudrais exiger d'elle inflexiblement ce que la raison exige, rien de plus, ne pas gâter son bonheur, afin que si les mauvaises années doivent venir, celles-ci du moins soient réservées.

L'Université nous permettra-t-elle de le lui dire ? elle est comme la philosophie : elle parle à la raison, elle donne des idées et des principes, ce qui est excellent, mais abstrait ; il semble qu'elle dédaignerait de s'adresser à l'imagination et au sentiment, comme à des facultés inférieures, sans songer à la puissance de certaines impressions qui, endormies au fond de l'âme, plus tard se réveillent et décident plus d'une fois de ce que nous sommes. Elle traite un peu trop les enfants en purs esprits; or, ils ne le sont pas, ni les hommes non plus : ce que nous appelons la partie fugitive des choses est souvent la seule qui reste, parce qu'elle produit en nous un ébranlement qu'un souffle fait renaître. Nous le confesserons à notre honte : nous avons assisté, dans notre enfance et notre jeunesse, à bien des distributions de prix, où nous avons entendu de très beaux discours qui nous prodiguaient les meilleurs conseils ; ingrats que nous sommes, nous les avons oubliés, mais l'odeur des chênes et des lauriers est toujours là qui nous monte à la tête. Nos écoliers de maintenant ne connaîtront pas ces faiblesses : le papier doré ayant remplacé le laurier et le chêne, ils oublieront les couronnes et se souviendront des discours.

Nous avons attendu, pour appuyer sur le point faible de l'Université, qu'elle le sentît elle-même et se mît en mesure de se corriger ; qu'elle continue hardiment et nous pardonne de l'avertir encore de ce qui peut lui manquer. Elle a une tradition constante ; chaque fois qu'elle veut montrer à ses élèves qu'elle les aime, elle crée un nouveau concours ; elle a de temps en temps de tels accès de tendresse : en ce moment même elle est dans une de ces crises. Assurément l'émulation est une bonne chose, elle est un puissant ressort d'éducation, mais elle a ses inconvénients quand elle est exclusive et trop poussée : elle n'existe guère qu'entre les premiers, et à mesure que les concours s'élèvent les uns au-dessus des autres, le nombre de ces premiers se réduit. Deux choses pourraient servir à corriger ce défaut : ce sont l'intérêt de l'enseignement et l'émulation avec soi-même. L'intérêt de l'enseignement est très puissant sur les esprits et sur tous les esprits ; c'est le moyen naturel d'action, que les moyens artificiels les plus violents ne sauraient remplacer. Nous ne savons pas précisément ce que feront pour les études historiques des collèges les concours établis récemment par M. Duruy, mais nous doutons qu'ils fassent autant que les traités qu'il a composés ou confiés à d'habiles professeurs. L'intérêt est la vie des classes, la vie universelle. Ajoutez-y l'émulation avec soi-même, l'amour-propre et l'honneur, mobiles du progrès. Il n'y a guère de natures assez médiocres pour que ces mobiles n'y agissent pas quand des maîtres consciencieux s'appliquent à les exciter, et il n'est rien de meilleur que d'habituer les enfants à bien faire sans compter qu'une couronne descendra immédiatement sur leur tête, leur fallût-il être satisfaits de l'approbation de quelques-uns ou d'un seul ; car lorsqu'ils seront des hommes, il leur faudra plus d'une fois être satisfaits de moins et se payer par le témoignage de leur conscience.

Puisque M. Duruy est dans les excellentes dispositions dont sa circulaire témoigne, nous lui présenterons une requête en faveur des pauvres petits enfants des écoles primaires qui, pendant trois heures le matin et pendant trois heures le soir, sont tenus à leur banc immobiles[1]. En conscience, c'est une cruauté. Pourquoi ne pas couper ces longues classes par de courtes récréations, qui détendraient les corps et les esprits ? Il y a là une réforme qui doit tenter un homme de cœur. Nous ne disons pas qu'elle donnera la popularité : dans deux ou trois ans, les enfants s'imagineront que les choses ont toujours été ainsi, ils oublieront sans doute le ministre qui a fait cela et le vieux professeur qui l'a prié de le faire ; mais cette fois on sera sûr qu'on a fait le bien. L'Université est paternelle, on le sait ; qu'elle ose être un peu maternelle.

(Septembre 1866.)

---

[1] Quelques jours après, M. Duruy voulait bien me dire qu'il faisait droit à cette requête, et il accordait aux enfants des écoles primaires un quart d'heure de récréation le matin et un quart d'heure le soir. Je l'en remercie très vivement.

(Note de 1868.)

DE L'ENSEIGNEMENT SECONDAIRE

EN ANGLETERRE ET EN ÉCOSSE [1]

Les écoles publiques dont il est ici question sont des fondations particulières, dotées de manoirs, terres, dîmes, etc., quelques-unes très anciennement. Winchester date de 1387 ; Eton, de 1441 ; Oxford, Westminster, Harrow, Rugby, Shrewsbury, Merchant Taylor, Saint-Paul sont du seizième siècle. Quelquefois la dotation se trouve, par l'effet des circonstances, s'être accrue considérablement. Le rapport cite Rugby, fondé sous Elisabeth, et recevant, comme dotation, une terre de huit arpents, à un demi mille du mur de Londres ; le revenu de ces huit arpents, qui était de 200 fr. à

<hr>

[1] Rapport adressé à M. le Ministre de l'instruction publique par MM. J. Demogeot et Montucci. — Un volume in-8°, Hachette.

l'origine, était, en 1807, de 50,800 fr. et a continué de s'accroître.

Le mot d'écoles publiques risque donc de tromper ; ce sont simplement les plus renommées des écoles privées. L'Etat n'est pour rien dans leur création et leur organisation ; il se borne à les reconnaître, à les constituer personnes civiles par l'octroi d'une charte de corporation. Elles se rattachent à deux sortes de sociétés : à des collèges ou à des fidéicommissaires. Le collège qui dirige une école est une association d'instituteurs émérites, ecclésiastiques, qui se recrutent comme nos Académies, et jouissent en commun de certains revenus comme un couvent. Les fidéicommissaires sont des laïques, plus ou moins étrangers aux études et qui administrent un établissement. Il faut donc, quand on parle des écoles publiques d'Angleterre, quitter toutes nos idées françaises d'unité, d'uniformité ; le Rapport dit très bien :

Il en est de l'éducation nationale en Angleterre comme de toutes les institutions de ce pays ; elle ne se présente pas, au premier regard, comme un système, comme le développement logique d'une idée, d'un plan préconçu, mais comme le produit bizarre de plusieurs forces diverses et souvent contraires ; c'est, en apparence, un ensemble purement fortuit de traditions, d'usages plus ou moins raisonnés, d'améliorations locales, d'innovations hardies ou timides, le tout abandonné à l'initiative individuelle dans une complète abstention de l'autorité publique. C'est une ville bâtie sans alignement donné, où les maisons se placent à leur gré et se moulent selon leur caprice.

Et voici encore ce qui nous met loin de la France :

Les écoles publiques sont presque toutes placées loin des grandes villes, à la campagne, dans un site agréable, près d'un cours d'eau, au milieu de vertes pelouses, de collines boisées et de larges horizons. L'école anglaise est un hameau dont les divers bâtiments, dispersés çà et là, se groupent dans un désordre capricieux et pittoresque autour de l'édifice qui contient les salles de classe. Ici est la chapelle ; tout à côté la bibliothèque, ouverte toute la journée aux élèves ; plus loin, les jeux de paume, les vastes terrains destinés au ballon, au cricket. Voilà la maison du principal ; voici la demeure des boursiers (si l'école a des boursiers internes) ; tout autour, enfin, les maisons des professeurs (*assistant masters*), jolis cottages de briques entourés de pierres, avec les balcons vitrés, qui forment, par leur superposition, de gracieuses tourelles. Tout cela est riant, heureux ; tout cela respire la paix et l'absence de contrainte. On peut dire littéralement ce qu'un barde gallois disait du palais d'Arthur : « Il n'y a point de portier. »

Achevons ce tableau de mœurs, pour nous fort étrangères. Il n'y a point de maîtres d'études ; en dehors des classes les élèves jouissent d'une entière liberté : ils vont, viennent comme il leur plaît ; chacun a son chez soi, où il reçoit quand il lui plaît et qui il lui plaît.

Les écoles n'étant chargées que des classes, à qui sont remis les élèves ? Aux directeurs des pensions et à eux-mêmes. Les pensions sont groupées autour des écoles ; elles sont autorisées par le principal, et en proportion du nombre des élèves de l'école : Eton en a 300, Harrow, 524; Rugby, 495; le nombre des enfants qu'elles reçoivent varie de quelques-uns à une quarantaine. La vie est la vie de famille, les auteurs du Rapport ont vu deux jeunes filles de dix-sept à dix-neuf ans présider chacune une table de huit ou dix écoliers de leur âge. Quelques-unes de ces pensions sont tenues par des dames. Ordinairement, pas toujours, le directeur de pension est répétiteur (*tutor*); ordinairement aussi, c'est un professeur de l'école, et le principal lui-même se fait souvent directeur de pension et tuteur. Quand le directeur est tuteur, c'est lui qui surveille les travaux des élèves. Quant à la surveillance sur la conduite, ce sont les écoliers qui l'exercent :

Les grands, ou plutôt les élèves des hautes classes, les moniteurs, prepositors, préfets, sont investis légalement du pouvoir et en maintiennent énergiquement les droits. Leur fonction n'a rien qui

sente l'espionnage; ils ne font de rapport ni au principal ni au maître de pension; ils punissent eux-mêmes ou par un pensum ou par des coups de baguette
appliqués réglementairement, soit sur la main, soit
sur le dos. A cet effet, ils portent quelquefois, comme
les centurions romains, la canne, symbole de leur
puissance. Leur juridiction n'est pas sans appel.
Dans les écoles bien organisées, le coupable qu'elle
menace peut, d'un mot suspendre le coup, en invoquant un jugement en cassation, soit de la part des
moniteurs rassemblés, toutes chambres réunies, soit
de la part du chef de l'établissement. L'appel a lieu
quelquefois, mais il est rare que la sentence soit
cassée, parce qu'il est rare qu'elle soit injuste.

Le principal seul a le droit et le devoir de fouet-
ter, et il s'en acquitte en personne. Mais, dans la
plupart des cas, il fouette de confiance tout enfant
qui lui est envoyé par un professeur. Dans certaines
écoles, il y a un registre de punitions. L'enfant dont
le nom y apparaît trois fois est fouetté sans ré-
mission. Au troisième avertissement, le pantalon
est supprimé. En principe, tout élève, de quelque
âge qu'il soit, est sujet à ce châtiment puéril; en
fait, on ne l'inflige guère qu'aux divisions inférieures.

En France, l'opinion publique n'admet pas les
peines corporelles ni surtout le fouet, qui ne sub-
sistent plus que dans quelques établissements attardés; de la discipline exercée par les élèves,
nous n'avons que le pouvoir des moniteurs dans
les écoles primaires, pouvoir bien modéré, qui
s'exerce surtout par des avertissements et ne va

que jusqu'aux mauvais points ; enfin, quel que soit le système de discipline anglais, ses défauts se combinent avec des qualités : il est chez les enfants un apprentissage du *self government*, qui réussit assez bien aux hommes ; mais rien ne justifie l'inégalité établie entre les élèves payants et les boursiers. Chez nous, les boursiers sont exactement sur le même pied que les autres élèves ; ils ont la même considération de la part des maîtres et des élèves et mêmes soins. Cela n'est pas dans toutes les écoles d'Angleterre ; il n'y a pas vingt-cinq ans, les boursiers d'Eton y étaient comme dans une sorte de pénitencier ; costume à part, place à part dans la chapelle, jeux à part, ont longtemps marqué la distance entre eux et les élèves payants. Ils paraîtraient aussi chez nous d'étranges boursiers, ceux qui auraient à ajouter de leurs fonds 1,520 fr., 2,000 fr., 2,500 fr. Heureusement le Rapport constate que leur situation va s'améliorant tous les jours.

Le Rapport nous révèle une autre inégalité, celle-là tout à fait injustifiable et barbare :

C'est une sorte de service domestique que les plus jeunes élèves doivent aux plus avancés, et qu'on désigne sous le nom de *fagging*. Cette obligation est indépendante du rang social et de la fortune ; tout élève au-dessous d'une certaine division est serviteur (*fag*); tout élève de la première classe, tout moniteur, préfet, etc., a droit au service d'un ou de plusieurs enfants ; il est le maître (*master*). Le service du *fag* consiste à faire des commissions et messages pour son maître, à le servir pendant son déjeuner et son thé, à lui faire rôtir son pain, sa charcuterie, à brosser ses habits, à épousseter sa table, à porter ses livres en classe, à l'éveiller le matin à l'heure qu'il a indiquée la veille, à assister à ses jeux, souvent pendant deux ou trois heures par jour, pour courir après ses balles et les lui rendre, enfin, à se tenir à ses ordres pendant son travail, toujours prêt à accourir, à répondre quand il l'appelle. Le service des *fags* n'est pas même limité à la personne de leurs maîtres ; ils sont, dans certains cas, les serviteurs collectifs de toute la grande classe, qui use et abuse à son gré de leur temps. Il arrive que le *fag*, quand il n'est pas très actif, après avoir fait déjeuner les autres, n'a pas le loisir de déjeuner lui-même ; que ses récréations se bornent à ramasser les balles de ceux qui jouent, et que ses études sont sans cesse troublées par les appels réitérés des grands élèves.

Pour appuyer cette domination, il y a une échelle de punitions corporelles, et, comme le dit le Rapport, il résulte de ce système un véritable régime de terreur. Il n'est pas, Dieu merci, partout, mais il est quelque part, ce qui est infiniment trop. On le croit à peine, le principal du collège de Westminster n'a appris cela que par l'enquête royale.

Reposons-nous de ces tristes détails. Toujours par le principe d'éducation convenable à un pays de vie publique et de responsabilité personnelle, les élèves ont des cercles où ils s'exercent à parler et à discuter; leurs moniteurs rédigent des journaux, dont plusieurs ont duré jusqu'à deux volumes; la bibliothèque de l'école est leur propriété; ils forment des sociétés de jeux, de musique, d'histoire naturelle, d'exercices militaires. Les jeux qui développent la force et l'adresse du corps : paume, ballon, canotage, course, cricket, ont une large part dans l'éducation anglaise; les jeux sédentaires sont interdits; jouer aux cartes peut devenir un cas d'expulsion. Deux ou trois fois la semaine, l'après-midi tout entière est consacrée aux exercices physiques; pour les concours d'Oxford et de Cambridge, sur la Tamise, on se prépare longtemps à l'avance par des épreuves et par un régime.

Toute cette éducation est excellente pour former la volonté : « il n'est pas rare, dit le Rapport, » de voir un jeune homme, presque un enfant, au » sortir des bancs, devenir sans transition un chef, » un homme d'affaires et un homme des plus ca- » pables. A l'époque de la guerre de Crimée, un » officier supérieur écrivait à l'un des professeurs » d'Eton : « Je vous remercie des jeunes gens que » vous nous envoyez : ils semblent tous savoir par

» instinct ce qu'il y a de mieux à faire en chaque
» chose, et ils ne font jamais un pas indigne d'un
» gentleman. Un de ces enfants fut chargé, six se-
» maines après avoir quitté l'école, du soin de
» faire passer six cents hommes de Malte au siège
» de la guerre. Il s'en acquitta avec un bon sens et
» une sagesse qui surprirent tout le monde. Il
» avait été capitaine de bateau à Eton. »

L'instruction dans les écoles a longtemps été
l'instruction de luxe, l'instruction littéraire, avec
les exercices de luxe, comme les vers latins et les
vers grecs ; c'est dans cette forteresse scolastique
qu'il y avait à faire pénétrer des études plus vivantes et plus pratiques, par un travail semblable
à celui qui s'est fait chez nous. La pénétration a
été lente et incomplète. L'histoire et la géographie
n'ont pas d'enseignement comme le nôtre, pas de
professeurs spéciaux ; à Winchester, cet enseignement n'existe même pas : à Eton, il n'existe que
dans les classes inférieures. La philosophie est
renvoyée aux Universités. Les mathématiques,
d'ailleurs assez mal vues dans les grandes écoles
littéraires, sont d'importation récente. A Eton,
avant 1836, c'était un maître d'écriture qui enseignait les éléments du calcul ; ce n'est qu'à cette
époque qu'il y eut un vrai professeur, et encore son
enseignement était-il facultatif ; il n'est devenu

obligatoire qu'en 1851 ; il l'était à Harrow depuis 1837. Les sciences physiques et naturelles sont fort dédaignées : il n'y a pas de chaire attribuée à l'enseignement de ces sciences, on se contente d'avoir de temps à autre des séances de physique amusante ; pourtant le Rapport constate que Rugby revient de ce mépris. Les langues vivantes ont eu à se faire leur place. L'étude du français s'est introduite à Rugby en 1800, et en une cinquantaine d'années elle a gagné d'autres écoles ; elle ne fait partie intégrante du cours d'Eton que depuis la visite des commissaires royaux. L'étude de l'anglais est en général peu favorisée. A Harrow et à Rugby, plus avancés en cela, il y a des compositions en prose et en vers ; nulle part d'histoire littéraire. Il n'est fait mention ni de la musique ni du dessin. Achevons sur ce système d'études en disant que la classe n'est, à proprement parler, qu'une répétition, et que la vraie classe a lieu chez le tuteur, qui corrige et, au besoin, fait refaire les devoirs.

Nous avons vu que le Rapport louait vivement le système anglais d'éducation, comme une éducation de la volonté ; quant au système d'instruction, le Rapport contient un grand nombre de réserves. Il approuve qu'on fasse beaucoup d'explications du grec et du latin ; il a raison de le dire : « Le meilleur commentaire d'un auteur est l'auteur lui-même » ; pourtant il reproche à l'explication d'être trop grammaticale, pas assez littéraire, et, quand elle est littéraire, de viser moins à former le goût et le style, à donner des modèles exquis, qu'à fournir des textes pour l'ornement de l'éloquence. C'est dans la nation le même sentiment qui était chez Bentley. Voyant un jour son fils attaché à la lecture d'un roman, il lui dit : « Pourquoi lisez-» vous un livre que vous ne pourrez pas citer ? » L'absence de la philosophie et la médiocrité de l'enseignement historique produisent des effets sensibles même aux maîtres anglais : ces deux études fournissent un fonds d'idées qui ne se remplace pas ; puis l'usage exclusif des dissertations, sans l'exercice des discours, ôte de la variété à l'esprit et empêche l'essor de l'imagination.

L'enseignement des sciences s'adresse plus à la mémoire qu'à l'intelligence ; il vise plus aussi à la pratique qu'à former l'esprit scientifique : les traités d'arithmétique regorgent de questions, dont la réponse est à la fin, et les traités d'algèbre sont riches d'exemples et pauvres de règles générales ; quant à l'enseignement de la géométrie, il est une démonstration très curieuse de ce qu'il y a chez les Anglais de respect pour la tradition. Il n'y a de géométrie que la géométrie d'Euclide, qui est apprise par cœur ; si un théorème important, auquel

Euclide n'avait pas songé, figure, il ne prend place que parmi les problèmes, afin de ne pas déranger l'ordre connu. En France, nous sommes un peu plus préoccupés de former l'esprit scientifique par les sciences, et un peu plus émancipés de la tradition : nous nous mettons à l'aise même avec Euclide.

Nous avons essayé de donner une idée de l'éducation et de l'instruction secondaire dans les écoles publiques d'Angleterre, renvoyant le lecteur au Rapport même, qui est partout plein d'intérêt. On doit commencer à comprendre les difficultés que MM. Demogeot et Montucci ont rencontrées. Chez nous, toutes les écoles de l'Etat sont organisées sur le même modèle : on sait, à une heure donnée, ce qui se fait dans toutes les classes de l'Université ; en Angleterre, les écoles publiques ont, chacune leur système, et ce système est compliqué de méthodes anciennes et nouvelles, les anciennes n'étant jamais entièrement abolies par les nouvelles ; de plus, les écoles publiques d'Angleterre ne sont pas ouvertes à qui désire y entrer ; « la » visite de chaque école exige un siège en règle, » et la citadelle ne capitule pas toujours ». Lorsque, en 1862, une commission d'enquête sur l'administration de l'enseignement des grandes écoles publiques a été formée par ordre de la reine et composée d'hommes éminents, les commissaires ont pu interroger par écrit et de vive voix les directeurs et les professeurs, mais ils n'ont pas pénétré dans l'intérieur des classes : sept écoles sur neuf ont refusé de leur communiquer les compositions écrites. On voit dans quelles conditions MM. Demogeot et Montucci ont eu à faire leur étude. Quoiqu'ils se louent de la complaisance qu'ils ont rencontrée en plusieurs endroits, ils ont eu à se reconnaître dans la complication des régimes des écoles et à se reconnaître dans les énormes volumes de l'enquête. Ils s'y sont fort bien reconnus. En ce qui concerne les lettres, nous avons retrouvé ici avec grand plaisir, l'esprit si net et pénétrant et la plume ingénieuse de M. Demogeot.

Le Rapport s'étend plus sur l'Angleterre que sur l'Écosse, qui a été visitée moins à fond. Nous n'y prenons pas, pour le moment, ce qui regarde les écoles pratiques ; nous nous contentons d'avertir qu'il se fait en ce sens un mouvement sérieux dans les deux pays, surtout dans le dernier, et il est curieux de voir par quels moyens on y prévient les inconvénients de la liberté individuelle. Enfin, on lira les conclusions sur les réformes qu'il conviendrait d'introduire dans nos collèges. Pour notre compte, nous voudrions exposer quelques idées que nous suggère cette étude de l'enseignement classique en Angleterre.

Sauf quelques traits qui s'effacent de jour en jour, le tableau que nous avons présenté paraîtra chez nous très séduisant : ces collèges sans portes et sans maîtres d'études, avec la liberté des champs, produisent l'effet d'un El Dorado universitaire, qui plaira singulièrement à nos écoliers et même à l'opinion publique, très irritée contre le régime monacal de nos écoles ; on ne serait pas loin de fonder une Université de Thélème, avec la devise de la célèbre abbaye : « Fais ce que veux. » Sans utopie, examinons ce qui est possible, car la plainte n'est, par malheur, que trop juste. Les collèges de l'Université ont été fondés à une époque où on n'avait guère l'idée du confort ni de la nécessité des exercices corporels ; ils ont été logés comme cela s'est rencontré, dans les bâtiments disponibles, qu'on a appropriés tant bien que mal à leur nouvel usage. Un grand nombre de ces bâtiments étaient d'anciens couvents, qui ont peu changé de destination. Tandis que ces maisons demeuraient à peu près dans leur état primitif, le public a été pris de nouvelles préoccupations : il a été de plus en plus attentif au bien-être matériel, à l'hygiène, à la santé, à la vigueur physique, et des maisons qui avaient été autrefois tolérables paraissent maintenant dans toute leur laideur. Par une réaction naturelle, on tirerait volontiers les enfants des villes, où ils étouffent, pour les transporter en pleine campagne. L'intention est excellente ; par malheur, il y a des considérations qui ont aussi leur prix, et que nous demandons la permission de présenter.

Voyons les choses comme elles sont. Nous savons ce que gagneraient les enfants à être au sein de la nature ; nous savons aussi ce qu'ils perdraient à n'être plus au sein de leurs familles. Nous ne sommes pas ici en Angleterre. En Angleterre, que l'enfant reste avec ses parents ou qu'il soit confié au loin à des maîtres, les maîtres et les parents n'ont qu'un objet : habituer l'enfant à se passer d'eux ; on ne prétend pas le former de toutes pièces sur un modèle convenu ; les idées et les sentiments qu'il aura seront les idées et les sentiments qui lui viendront de son commerce avec ses pareils et de l'expérience, la grande institutrice ; on ne plie pas, on ne dompte pas sa volonté, on le laisse agir, pour qu'il apprenne à agir ; on le fait libre, pour qu'il se sache responsable. C'est autre chose en France ; on prétend mettre sur les âmes un cachet uniforme : l'éducation laïque le cachet de l'Etat, l'éducation ecclésiastique le cachet de l'Eglise ; seulement il y a à noter une différence considérable. Si l'Université a été fondée avec la mission expresse de former des hommes tels que l'Empereur les voulait, c'est-à-dire, des instruments de l'Empire, et si chaque régime nouveau attend de l'Université le même service, elle ne l'a pas rendu. Composée de laïques, de pères de famille, de personnes qui appartiennent, non à une corporation, mais à un corps, et qui vivent de la vie de tout le monde, d'individus qui n'ont point fait de vœux, et à qui leur instruction et leurs titres donnent une assez forte indépendance d'idées et de caractère, elle ne tient que par une juste soumission aux gouvernements qui existent, les aimant à proportion qu'ils lui ressemblent, et elle ne donne guère aux enfants qu'on lui confie que les principes mêmes de la société française. Au contraire, l'éducation ecclésiastique va au but immuable qui lui a été fixé.

Cette première différence en amène une autre. L'éducation laïque travaille de concert avec la famille, elle a soin que l'enfant s'y retrempe sans cesse. Comme elle met les parents de moitié dans son ouvrage, elle se place près d'eux dans les villes, elle leur remet les enfants dans des sorties fréquentes ; l'éducation ecclésiastique, qui supplée davantage les parents, recherche la campagne, et si des raisons particulières lui font préférer la ville, du moins les jours de sortie sont rares où les enfants retrouvent leur famille.

Ainsi, lorsque, dans une excellente intention, par le désir de procurer de l'air et de l'exercice aux enfants, qui en ont tant besoin, on propose de transporter les lycées en pleine campagne, on oublie la nature de l'éducation laïque, qui laisse les enfants en contact perpétuel avec les parents ; on suppose que, pour visiter les enfants, pour consulter l'administration et leurs professeurs sur leurs études et leur conduite, pour les prendre aux jours de congé, les parents ont assez de loisir ou de fortune, ce qui n'est généralement pas.

Qu'on le sache donc bien : la question de la ville et de la campagne pour les écoles est, en France, ce qu'elle n'est pas en Angleterre, la question entre l'éducation laïque et l'éducation ecclésiastique. Cela admis, on peut choisir.

L'éducation ecclésiastique est plus puissante. De peur d'envahir le domaine réservé à la famille, l'Université ne prend que la moitié de l'esprit et de l'âme de l'enfant : elle ne se donne toute liberté que sur la morale et garde une extrême réserve sur la religion et la politique, ne recommandant que le sentiment religieux et le patriotisme, sans entrer dans les nuances des confessions et des partis. L'éducation ecclésiastique travaille seule et prend l'enfant tout entier : avec l'habitude qu'elle a de la confession et de la direction, elle entre partout et met partout son empreinte ; l'enfant est à elle, elle le fond et le refrappe.

Elle est donc une remarquable discipline ; mais elle produit des effets auxquels il est bon de réfléchir. Quelquefois son action est profonde et l'est tellement, pénètre si avant dans l'intérieur, façonne si bien les idées et les sentiments, qu'il n'y reste plus rien qui ne soit à elle. Quand l'enfant rentre enfin dans la maison, la famille est souvent assez étonnée : elle trouve qu'on le lui a changé ; il est parfait, sans doute, mais ce n'est pas le sien. Nous avons vu de ces surprises, surtout à propos des jeunes filles, chez qui les impressions se gravent mieux ; nous avons vu des parents d'opinion très modérée et assez moderne, en politique et en religion, à qui le couvent rendait une fille passionnée pour les idées opposées ; contre les raisons qu'on lui présentait timidement pour tempérer son ardeur, elle avait une provision de raisons toutes prêtes, ou plus que des raisons, le silence, qui faisait comprendre aux parents que, s'ils tenaient le corps, l'âme leur échappait. Quelquefois, au contraire, l'éducation ecclésiastique n'atteint que la surface, ne donne qu'un mouvement passager ; le moment où elle cesse est pour le jeune homme un moment d'épreuve, et comme elle a appuyé ses règles de conduite sur des principes particuliers au lieu de les appuyer sur les principes naturels, universels, le tout flotte ou s'en va ensemble. Pour que son influence durât, il faudrait qu'elle-même durât toujours, que l'enfant ne quittât pas le milieu savamment composé où il a passé ses premières années ; mais comme l'éducation n'est pas éternelle, il la quitte un jour ou l'autre pour entrer dans la société commune, et il n'y entre pas sans risque, car il change d'air. Dans les collèges de l'Université, l'enfant est, si on l'ose dire, élevé en plein vent, dans le monde ouvert, où les éléments variés de la vie morale coexistent et se tempèrent, depuis le devoir et le dévouement jusqu'à l'honneur vulgaire, dans le monde qu'habite sa famille et qu'habitent les hommes avec qui il vivra. L'éducation laïque est moins puissante que la puissante éducation ecclésiastique, et moins légère que la légère éducation ecclésiastique.

Celle-ci n'est pas toujours du goût des pères, mais elle plaît davantage aux mères. Naturellement religieuses, elles désirent le plus possible des enfants qui leur ressemblent ; elles aiment aussi les sentiments doux que la piété développe et qui modèrent la rudesse des hommes ; elles espèrent pour leurs enfants, quand ils sont petits, des caresses plus tendres ; plus tard, inquiètes, on ne saurait le leur reprocher, de la grande crise de la jeunesse, elles s'adressent, pour la conjurer, à toutes les puissances du ciel, comptant, après un danger passé, qu'il viendra d'autres secours pour d'autres dangers.

Quand nous parlons d'éducation ecclésiastique, nous ne parlons pas de celle qui se borne à préparer aux écoles du gouvernement. Evidemment ici le caractère matériel et prochain du but à atteindre domine tout, le travail scientifique absorbe tout ; l'Ecole Polytechnique et l'Ecole de Saint-Cyr sont mises pour quelque temps parmi les fins dernières de l'homme, et la géométrie est placée parmi les vertus. Quant au reste, on se contente de nouer des relations dont l'avenir développera les avantages pour les élèves et pour la maison.

Revient la question : Si on exclut la pleine campagne, que faire pour établir les enfants dans de plus raisonnables conditions d'hygiène? Plusieurs partis se présentent : agrandir le collège existant ; le transporter ailleurs ; en créer deux, les deux étant affectés à la fois aux internes et aux externes, ou seulement aux uns ou aux autres ; se réfugier dans les faubourgs. Sur chacun de ces points il nous semble qu'il faut se décider sur lieu, d'après l'état des choses, les ressources et les besoins, prendre partout conseil des circonstances. Quelque parti qu'on choisisse, on trouvera une difficulté qu'on aurait évitée en s'y prenant plus tôt : l'enchérissement des terrains ; mais on était occupé ailleurs ; les villes ont eu leurs revenus absorbés par des travaux de voirie que nécessitait la nouvelle circulation ; les départements ont bâti des préfectures avec une grandeur dont la célèbre préfecture de Vannes restera le témoignage ; le gouvernement a bâti des prisons et des casernes. Des événements assez connus l'ont amené à se préoccuper des soldats ; l'affection qu'on leur portait et les convenances de la stratégie se réunissant, on les a merveilleusement logés, et les casernes seront sans doute les plus remarquables monuments de notre époque. Les collèges n'ont pas été si heureux : les enfants qu'ils enfermaient n'étaient ni militaires ni même électeurs ; mais enfin l'opinion publique s'émeut et leur tour arrive. Rendons justice à M. Duruy qui s'efforce de réparer le temps perdu.

La même réaction qui ferait transporter les collèges en pleine campagne fait aussi repousser l'internat. Ici encore il est nécessaire de réfléchir. Envoyer ses enfants externes aux collèges n'est pas une chose si simple que l'on croit. Laissons les exceptions, les enfants raisonnables, les enfants qui ne donnent de peine à personne, laissons les familles riches, qui paient un précepteur, prenons les natures et les situations communes, il faut encore plusieurs conditions : que la famille soit dans le lieu où est le collège, que les parents ne soient empêchés de surveiller un enfant, ni par leur santé, ni par leur genre d'existence, par des occupations ou des divertissements obligés, qu'ils puissent les surveiller et qu'ils le veuillent, qu'ils soient répétiteurs de classe, qu'ils fassent réciter les leçons et constatent si les devoirs sont faits, qu'ils renoncent aux plaisirs qui troubleraient leur fils s'il les partageait et l'affligeraient s'il ne les partageait pas, qu'ils règlent l'ordre entier de la maison sur les heures d'études et les mois de vacances, qu'ils aient assez de douceur pour supporter la légèreté des commencements, assez de force pour réprimer les révoltes qui viennent ensuite, assez de sagesse pour mesurer plus tard la liberté. Rien de tout cela n'est facile, et les deux dernières entreprises sont de grandes entreprises. Il y a entre le premier âge et la jeunesse un âge ingrat : la naïveté de l'enfance est partie, et ce que la jeunesse apporte de bons sentiments n'est pas encore venu : ce qui seul surnage, c'est l'amour de l'indépendance, avec l'idée que ce moment est le moment décisif pour l'assurer ; de là des résistances qui lassent et usent les mains les plus fermes. Quant à la jeunesse, c'est un bien grave problème d'empêcher qu'elle n'abuse de la part de liberté qu'on lui donne : on n'a pas tout obtenu, si elle ne se maintient que par la crainte du pouvoir des parents, si elle n'ajoute pas à cette crainte le désir de ne pas chagriner leur affection, et un sentiment de dignité personnelle, une certaine retenue, car l'office des parents est d'accoutumer les enfants à marcher seuls sans tomber ou du moins sans se blesser trop. Et comme il importe que la maison soit agréable aux enfants, qu'ils s'y trouvent mieux que partout ailleurs, il faut encore que les parents s'amusent des plaisirs de leurs enfants, c'est-à-dire qu'à un âge où ils aiment le silence et le repos, ils supportent, ils appellent le mouvement, le bruit, la vie exubérante de la jeunesse. On avouera que la tâche des pères et des mères d'un jeune externe n'est pas précisément une sinécure, et s'il y en a qui aient le courage de la remplir, ils méritent que leurs fils ne l'oublient jamais.

Entre l'internat et l'externat, il y a des intermédiaires où la fatigue des parents est diminuée ; tels sont la demi-pension et l'externat surveillé. La plus forte part de responsabilité pour le travail revient ici au collège, puis on se perd de vue, les

13

petites luttes intestines, qui naissent du contact perpétuel, n'ont plus autant d'occasions de se produire, et l'autorité étant au collège, l'enfant rentre avec plus de plaisir dans la maison.

Ce n'est pas nous qui maintiendrons l'internat tel qu'il est actuellement.

Nous avons parlé ailleurs de l'abus des grands collèges. L'administration supérieure n'a longtemps demandé à un proviseur que deux choses : d'avoir beaucoup d'élèves internes et de faire des économies. Les économies, il ne suffit pas qu'on les fasse, il faut encore savoir sur quoi on les fait ; d'ailleurs, elles ne servent pas toujours au collège qui les a faites, par suite des virements qui s'opèrent entre les lycées de l'Etat. Quant au nombre des élèves internes, il nous toucherait davantage s'il n'avait pas pour effet de substituer à une famille un régiment. Ce qui nous intéresse, ce n'est pas la prospérité, comme on dit, des établissements de l'Etat, c'est la prospérité des enfants qui y sont, leur bonne santé, leur bonne instruction, leur bonne éducation. En vérité, que nous importe le reste ?

Si donc on conserve l'internat, ce ne pourra être qu'à l'une ou l'autre de ces deux conditions : multiplier les collèges ou diminuer le nombre des enfants qui y sont enfermés. On demande pourquoi la multitude des enfants internés dans un lycée ne serait pas répartie entre un certain nombre de pensions, comme cela se pratique dans quelques quartiers de Paris. Nous sommes prêts à y consentir, pourvu qu'il soit entendu qu'il ne suffit pas de déplacer l'internat, qu'il ne suffit pas d'être chef d'institution pour avoir les qualités qui se trouvent difficilement chez un proviseur. Avec cette réserve, le système ne nous déplaît pas, et nous serions heureux de voir s'élever partout autour des collèges, des pensions où, sous la conduite d'hommes justement estimés, se combineraient les deux régimes du collège et de la famille.

Vient le système anglais de la pension chez un professeur. Quand un professeur reçoit seulement quelques élèves, il n'y a là qu'une extension de la famille, et c'est à lui de voir s'il lui convient de garder son ménage restreint et sa liberté, ou de mettre sa maison sur un plus grand pied, au risque de s'asservir beaucoup et de courir des chances; mais, s'il entendait recevoir un grand nombre d'élèves, il échangerait son ménage contre une institution, et il lui serait bien difficile de se partager également entre sa maison et sa classe. Quand même il y réussirait, il lui serait malaisé de le faire croire, de séparer tellement en lui les deux personnes, que l'une ne souffrît jamais de la critique qui peut atteindre l'autre.. S'il recule, ce n'est pas nous qui lui conseillerons d'avancer. L'Université a un corps de professeurs très distingué et très considéré, d'une condition de fortune modeste, mais indépendant des familles dont il élève les enfants, entièrement livré aux travaux des classes, ou bien y associant d'autres travaux qui sont comptés parmi les plus sérieux ouvrages de notre temps ; nous n'avons aucune envie qu'il cesse d'être ce qu'il est et de faire ce qu'il fait bien.

Venons maintenant au régime d'études. Nous avons parlé, dans une autre occasion, de l'abus des concours..L'Université passe son temps à se couronner elle-même. On n'était pas riche autrefois : on n'avait que les prix de collège, et, à Paris, le concours général des collèges entre eux ; aujourd'hui on a de plus le concours entre les collèges de chaque Académie, le concours entre tous les collèges de France et de Paris. Laissons le concours général de Paris, qui ne mérite plus la haine qu'il a méritée. Il n'y a pas encore trente ans, des agents parcouraient les provinces à la recherche des élèves à concours et les amenaient dans des maisons où ils trouvaient un triste logement et une triste nourriture, qu'ils devaient payer en gloire ; pour être plus sûr du paiement, on leur fixait le prix qu'ils devaient remporter et on leur interdisait de songer aux autres. Grâce à Dieu, la traite des lauréats est finie, ce système de déformation est condamné, et il se produit chaque année quelques sujets de race, qui sont égaux partout. Dans la province, l'Université croit-elle connaître par les concours la force réelle de ses établissements? Qui ne sait que le succès dépend de deux hasards : le hasard du professeur, qui est ici aujourd'hui, qui sera ailleurs demain, arguant de son succès même pour être envoyé ailleurs, et l'élève brillant qui s'est rencontré? Ainsi on risque de décourager ou d'attrister au moins les maîtres moins heureux à qui la fortune n'a pas donné les élèves à succès, ou les maîtres paternels qui, tout en guidant toute la classe, donnent la main aux plus petits pour les faire marcher ; on habitue maîtres et élèves à n'envisager que l'éclat d'une journée, au lieu de se contenter de l'estime de leurs juges de tous les jours.

L'Université devrait cesser de s'amuser à ces jeux. Le bon sens dit que, si on tient à se battre, il faut se battre avec l'ennemi. Mais pour cela il faut voir, prévoir et vouloir.

Nous ne sommes pas encore réconcilié avec le baccalauréat, dont nous avons jadis raconté la lamentable histoire. Le baccalauréat, dans son idée

première, devait être le signe d'études constamment
suivies et bien faites ; est-il donc cela ? Personne
n'osera le prétendre. Il y a sans doute des élèves
travailleurs qui, en achevant paisiblement leurs
classes, arrivent naturellement au baccalauréat ;
mais combien d'autres ne font pas ainsi ! Ou ils
négligent les études pour le baccalauréat, ou bien
ils ne songent ni aux études ni au baccalauréat, et
tout à la fin ils préparent l'examen par des procédés mécaniques, qui ne sont infaillibles que sur les
prospectus ; ils le préparent pendant quelques mois
où ils se gorgent de latin, de grec, d'histoire et de
sciences ; souvent par suite d'échecs successifs,
ces quelques mois se continuent par d'autres mois
d'un travail ingrat et dégoûté, pendant lesquels ils
sont ahuris, après lesquels ils sont abrutis ; c'est
leur mot.

Le baccalauréat était le signe des bonnes études;
on a abandonné la chose pour le signe. Un écolier
qui aurait fait ses classes, en se contentant de rester assis sur les bancs du collège et d'apprendre ce
qu'on ne peut s'empêcher d'entendre quand on a
les oreilles ouvertes, cet écolier profiterait plus
qu'un grand nombre de nos écoliers actuels, qui
brûlent les classes, justement les classes les plus
importantes, les dernières, ou qui, dans celles où
ils assistent, n'y assistent que de corps, rêvant au

baccalauréat, comptant racheter une vie de paresse par le diplôme et font comme les pécheurs endurcis, qui comptent pour racheter leurs péchés passés sur une bonne fin.

Au lieu de voir nettement ce qui est, l'administration s'obstine à réformer le baccalauréat, et que n'a-t-elle pas essayé? On se rappelle le mot du roi de Naples Ferdinand à son ministre de la guerre, sur ses soldats qui avaient l'habitude de lâcher pied devant l'ennemi : « Habille-les de blanc, habille-les de rouge, ils fuiront toujours. » Le souverain pourrait dire de même à son ministre de l'instruction publique, à propos des bacheliers : « Donne-leur un programme, ne leur en donne pas, ils n'en sauront pas davantage. »

De médiocre profit pour la plupart de ceux qui le passent, l'examen du baccalauréat cause un mal certain à ceux qui le font passer. On se préoccupe beaucoup depuis quelque temps de l'enseignement supérieur ; on voudrait aussi que la France ne se laissât pas dépasser par les autres nations dans les grands travaux de lettres et de sciences. Au fond, ces deux questions se tiennent. S'il est certain que l'enseignement chez nous appelle à lui un grand nombre de bons esprits, et l'enseignement supérieur des hommes qui ont déjà donné leur mesure ou font concevoir de hautes espérances, il est aussi certain que, pour produire des ouvrages dignes d'eux, ces hommes ont besoin de deux choses : la liberté dans leur enseignement et des loisirs. La liberté dans l'enseignement, nous savons combien elle a été restreinte pendant longtemps par l'administration, et combien elle l'est encore par les partis qui la regardent comme ennemie ; quant aux loisirs, les professeurs de toutes les Facultés des départements et de Paris sont privés de leur loisir naturel : on leur prend deux ou trois mois, chaque année, pour le service du baccalauréat, sans compter une foule de services accessoires, d'inspections, de corrections de compositions de concours, etc., etc. On semble craindre que, s'ils viennent à n'avoir rien à faire, ils ne se mettent à songer à mal. On cherche des hommes pour les grands travaux de lettres et de sciences, et on commence par ne pas se servir de ceux qu'on a : on les emploie à faire des bacheliers, et quels bacheliers[1] !

Revenons aux élèves et aux classes. C'est une singulière idée de forcer des écoliers à marcher ensemble pendant dix ans, parce qu'ils ont commencé ensemble et que les âges sont plus ou moins

---

[1] Un étranger, étonné de nous voir employer des hommes souvent d'une grande valeur à ce pauvre travail des examens, disait finement : « En France, vous vous servez de rasoirs pour couper du bois. »　　　　　(Note de 1878.)

voisins, sans tenir compte de l'ardeur et de la vigueur de l'esprit, qui permettent aux uns de faire à la course des étapes que d'autres font à petits pas. On dirait qu'il y a dans les collèges, comme dans l'armée, des levées, des contingents, des classes, qui prennent et quittent le sac le même jour. Il nous paraîtrait juste de permettre à chaque élève de gagner du temps par son travail, de concourir pour passer d'un cours inférieur dans un cours supérieur, et de se classer lui-même par sa volonté. Le principe de la libre promotion, appliqué dans plusieurs écoles d'Angleterre et tout à fait conforme à l'esprit de cette nation, nous semble bon à transporter en France.

Nous voudrions aussi qu'on renonçât à envisager une classe comme une unité indivisible, comprenant des cours de lettres, d'histoire, de sciences mathématiques et physiques, unité qui contraint un élève à suivre des leçons diverses, auxquelles il n'est pas également prêt quand il est au niveau des unes, au-dessus des autres ou au-dessous ; un élève arriéré dans les lettres et avancé dans les sciences devrait pouvoir étudier avec ceux de sa force, s'exercer avec ses égaux, au lieu de marquer le pas pour attendre que les plus faibles rejoignent.

Viendrait encore une réforme que nous croyons

convenable. Dans l'organisation actuelle, la volonté des parents ne compte pas : elle ne s'exerce qu'une fois, à l'entrée de la philosophie, à l'embranchement qui sépare les études mathématiques, élémentaires ou supérieures, des études littéraires assaisonnées de quelque science ; au moment où il se fait, comme on dit en langage de chemin de fer, un changement de voie, qui dirige une partie des jeunes gens vers les Écoles Polytechnique, Centrale et de Saint-Cyr. Ce moment de liberté, qui est accordé aux parents, est unique pendant dix ans et ne dure qu'une minute : après qu'ils ont décidé pour la droite ou pour la gauche, tout est dit, et leurs fils sont repris par le système inflexible qui les promène bon gré mal gré dans les enseignements qui forment une classe ou une année. Pourquoi les parents n'auraient-ils pas plus de liberté? Pourquoi ne choisiraient-ils pas entre les cours, prenant ceux qu'ils croient préférables à l'esprit de leurs enfants et utiles à leur avenir, du droit de leur responsabilité qui est assez naturelle et assez grave, plus grave et plus naturelle, après tout, que celle de l'Université? L'Université se montre généralement très raide avec les parents, qui risquent de troubler son ordre régimentaire et ses chères classifications ; mais, à le bien prendre, elle n'est chargée que d'offrir un ensemble complet de leçons bien faites, avec les conseils que son expérience lui fournit pour conduire l'intelligence des enfants. Elle peut, si elle veut, refuser des prix à ceux qui ne suivent pas les règles qu'elle impose ; mais elle devrait être moins amoureuse de l'uniformité, être plus souple, se prêter mieux aux mouvements des enfants et des familles. Nous n'avons pas la prétention de vivre assez pour voir s'accomplir ces terribles réformes ; nous croyons pourtant que tout ne restera pas toujours tel qu'il est aujourd'hui.

Sur le choix des objets de l'enseignement et des exercices pratiqués dans les classes, nous n'avons pas, ce semble, beaucoup à prendre aux Anglais ; ce sont eux, au contraire, qui se rapprochent de nous. Leur enseignement, jadis uniquement littéraire, fait une part de plus en plus grande aux sciences, et les sciences sont de plus en plus enseignées à notre façon ; nous voudrions que nos élèves comme les leurs fissent ample connaissance avec les classiques ; mais nous ne sommes pas assez ami des vers latins pour leur emprunter les vers grecs.

Des versions écrites, très bon essai de logique et de style ; des narrations, pourvu que les narrations d'histoire soient historiques, et que les autres ne demandent pas qu'on parle de ce qu'on ne connaît pas; des discours qui sont un essai des sentiments et des paroles convenables aux personnages et aux situations ; des dissertations scientifiques, littéraires, philosophiques et morales, qui habituent à juger et à raisonner; des analyses, qui forment à distinguer, dans un ouvrage, ce qui est essentiel et caractéristique ; ces divers exercices alternés forment l'esprit, le fortifient et l'assouplissent. Les Anglais ne paraissent pas les admettre ; les Allemands s'attachent, de préférence, aux dissertations; en France, on fait une très médiocre part à la narration et on n'a jamais paru songer aux analyses, ce qui est un grand tort. L'instruction anglaise a surtout en vue d'orner l'esprit ; l'instruction allemande, de faire des philologues et des érudits; l'instruction française apprend à composer; nous ne le lui reprocherons assurément pas. Composer n'est pas un art arbitraire ; c'est reconnaître les idées qu'un sujet renferme, les disposer dans leur ordre naturel, donner à chacune sa juste étendue et mettre partout de l'intérêt. Nos Français possèdent assez bien cet art, qui leur a valu quelque réputation dans le monde ; ils auront raison de le conserver.

Il y a donc beaucoup de bons exercices dans le système universitaire ; les autres peuvent s'y ajouter sans peine ; ce qu'il y a de mauvais, c'est le fanatisme avec lequel ce système est trop volontiers pratiqué : on est si convaincu de son efficacité qu'on regarde aisément comme du temps perdu le temps qui lui échappe, et qu'on ne laisse respirer ni le corps ni l'esprit des enfants. Citons d'abord un défaut, qui n'est pas universel, il est vrai, mais qui est assez répandu encore. Il y a des professeurs trop zélés qui multiplient les devoirs ; les mauvais élèves s'en tirent toujours : ils se contentent de donner du travail matériel et le strict nécessaire ; les bons élèves sont accablés : le soin qu'ils y mettent leur enlève tout loisir, entre les classes, le matin, le soir et les congés. Nous avons vu trop souvent des parents dans la plus vive et la plus juste inquiétude, disputant à ces terribles devoirs le repos, la promenade et le jeu nécessaires à leurs fils, surtout dans l'âge délicat de la croissance, ne sachant pas combien cet effort pourrait durer, et calculant les mois et les semaines qui restaient encore pour arriver au bout de ce travail forcé. Et voici un autre défaut, infiniment plus commun. Nous ne craignons pas d'être démenti si nous disons que la lecture est peu favorisée dans les collèges. Elle est facilement regardée comme l'ennemie des devoirs écrits. Les traductions des classiques latins et grecs sont suspectes, parce qu'elles risquent de supprimer le travail des versions et des explications; les grands classiques français et étrangers ont des parties qui paraissent trop libres d'esprit, de mœurs, d'expression, ou trop passionnées, et quelqu'une de ces objections porte toujours contre les écrivains contemporains. On voudrait donc ne mettre aux mains des élèves que des livres incontestés, qui fussent une espèce de continuation de l'enseignement, de la classe. L'intention est très louable; mais, dans les lectures, encore y faut-il de l'attrait. D'ailleurs, combien y a-t-il de livres absolument incontestés? A voir les attaques dirigées contre les catalogues des bibliothèques populaires, on se doute que les catalogues des bibliothèques de collège seraient vigilamment épiés.

Il faudrait se déclarer hardiment ami de la lecture et songer aux bons élèves plus qu'aux mauvais. Ce n'est pas la lecture qui empêchera les paresseux de travailler : ils trouveront toujours le moyen de ne rien faire ; ce ne sont pas non plus les traductions des auteurs grecs et latins qui les induiront à mal : ils auraient copié la traduction d'un camarade, ils copieront celle d'un maître, voilà tout. Une fois ce parti pris, on organiserait courageusement le service de la lecture. Certains livres seraient toujours sous la main, dans les classes et les études, et il y aurait entre les études et la grande bibliothèque une circulation régulière. Le

choix des livres devrait être fait avec une extrême
attention, sans faux scrupules, en vue de seconder
une éducation libérale, et s'il était attaqué on se
contenterait d'avoir raison. Dès que ces bibliothèques seraient décidément ouvertes, il se trouverait des éditeurs pour y adapter les meilleurs
ouvrages des bons écrivains, et des auteurs pour
écrire dans les conditions obligées, comme cela
se fait pour les bibliothèques populaires en ce
moment.

Oui, faisons aimer la lecture : elle nourrit l'esprit, elle l'éveille, elle le fait sentir à lui-même par
les réflexions qu'elle provoque et les plaisirs qu'elle
lui donne; elle apprend, utile science ! à ne pas
s'ennuyer quand on est seul. Lorsque, déjà avancé
dans la vie, on s'interroge sur les causes qui vous
ont fait ce que vous êtes, on songe avec reconnaissance à ses maîtres, avec reconnaissance aussi aux
maîtres muets qu'on appelle les livres; les premiers, s'ils ont bien compris leur tâche, n'ont guère
servi qu'à faire aimer les seconds. Je demande
pardon de parler de moi (on est peut-être pardonnable quand on ne se cite pas comme modèle, mais
comme exemple), je me reporte avec émotion aux
premières années où je commençai à aimer les livres; je vois encore, dans la sombre étude où je
commandais à des jeunes gens de mon âge, les *Odes*

d'Horace, les *Eglogues* de Virgile, le *Phèdre* de Platon, le *Prométhée* d'Eschyle, qui m'enivraient si bien que j'étais transporté hors de ces murs et de ces bancs dans les champs italiens, aux bords de l'Ilissus et sur les rochers de la Thrace. J'étais déjà pour Prométhée contre Jupiter. J'épelais *Manfred, Childe Harold* de Byron et *l'Enfer* de Dante, et j'étais fasciné par ces beautés étranges. Je sortis de là non pas artiste, mais amoureux de l'art ; un peu de poésie pénétra même dans une pièce de vers latins, qui donna de grandes espérances, hélas ! bien trompées. La seconde année d'Ecole Normale, tout occupée par l'histoire littéraire, me rendit les mêmes plaisirs qui m'ont bien des fois consolé.

Des devoirs modérés et beaucoup de lectures, voilà ce que nous demandons, pour laisser à l'esprit le temps de respirer ; mais le corps aussi a des droits dont les Anglais sont jaloux et que nous commençons à soupçonner. Les Anglais donc, et déjà beaucoup de Français, s'étonnent qu'on exige des enfants onze heures de travail par jour ; encore, dans le courant de l'année, c'est un travail ordinaire, mais à la fin de l'année, c'est autre chose : à la fatigue des mois précédents se joignent les chaleurs de juillet et d'août ; c'est une accumulation de compositions pour les prix de collège, pour les prix de concours, pour les écoles, quelquefois avec une addition de baccalauréat. Il y a vraiment bien de la force dans la jeunesse pour qu'on puisse en abuser ainsi : quelques semaines de vacances la réparent; mais est-on certain d'en avoir abusé impunément et que plus tard elle ne portera pas la peine de ces violents efforts? Des plaintes s'élèvent de toutes parts, et le sentiment du mal qui est fait à des générations innocentes a inspiré à M. de Laprade son livre éloquent : *De l'Education homicide*[1], qui n'est pas un livre de parti, mais de pitié.

On demande des classes moins longues, des récréations plus fréquentes et plus actives; M. le ministre de l'instruction publique entend ces vœux et se préoccupe de les satisfaire. Y réussira-t-il ? y réussira-t-on? Nous l'ignorons encore. Abréger les classes en les multipliant est facile dans un collège d'internes, où tous les élèves sont sous la main, difficile dans un collège mixte, où tous les externes risquent d'être perpétuellement sur les chemins, entre leur maison ou leur pension et le collège. La question est à l'étude; attendons ce que l'expérience apprendra. Quant aux récréations, rien de plus aisé que de les multiplier, et c'est quelque chose; mais les rendre plus actives est une chose bien délicate,

[1] Un volume in-18. Didier.

où il ne suffit pas de vouloir pour réussir. Qu'on encourage la gymnastique, qu'on mette divers jeux à la disposition des élèves, et que, du reste, on n'ait pas l'air de les faire amuser par ordre : ils s'ennuieraient plutôt, par esprit d'opposition. Là, comme ailleurs, tout va par mode, et la mode ordonne quelquefois les jeux tranquilles en hiver et les jeux violents en été ; souvent aussi elle ordonne de ne pas jouer, surtout dans les cours des grands, où les plaisirs de la conversation paraissent les seuls convenables. Peut-être, au lieu de convertir les enfants aux vraies récréations, y aurait-il aussi à convertir les parents, les mères surtout, qui prennent à leur fils la longue récréation de l'après-dîner et les retiennent près d'elles en conversation, au lieu de les laisser courir en liberté avec leurs camarades. Sans doute, c'est un excellent sentiment qui fait qu'elles ne peuvent se priver de voir leur fils, et il y en a vraiment qui viennent pour cela ; mais est-il parfaitement sûr que pour quelques-unes le parloir ne soit pas un salon ? Il y a à conclure de tout ceci que nous sommes loin, en France, des écoles publiques d'Angleterre, des vastes espaces, des grands exercices, de la candeur, de la vivacité avec lesquelles on s'y porte et on désire y exceller. Ce n'est pas une raison pour ne pas tenter tout ce qui est possible.

La même opinion qui demande les réformes dont nous venons de parler demande aussi une réforme dans la discipline. Là, il peut y avoir deux excès contraires : se passer de la loi et de la peine en y substituant l'influence morale, se passer de l'influence morale en ne gardant que la loi et la peine. La vérité est entre les deux : il faut, en fait de discipline, demander le nécessaire, l'assurer et s'en contenter, laisser le reste au libre arbitre, et, si quelque chose y est utile, l'obtenir par l'ascendant personnel. Nous ne voulons pas une réglementation arbitraire et tracassière, nous désirons que les jeunes gens s'habituent à respecter la loi, et, à côté de la loi, à reconnaître des influences formées de sagesse et d'affection.

En somme, il se fait une révolution en ce moment dans les idées sur l'éducation ; on la veut moins régimentaire et plus humaine : éducation du corps et de l'esprit, avec plus de mouvement dans les deux. Il y a eu un temps, il n'est pas encore loin, où les enfants en nourrice étaient hermétiquement enfermés et serrés dans leur maillot ; on n'était pas parvenu à les empêcher de crier ; mais du reste, quelle belle organisation ! une tenue excellente, pas de mauvais gestes ! Tout n'était pas partout irréprochable, mais les détails étaient sauvés. J.-J. Rousseau démaillota ces pauvres petits et leur donna leurs mères pour nourrices ; beaucoup d'entre eux, une fois grandis, ont été peu reconnaissants et ont maltraité le philosophe à qui ils devaient la liberté de leurs premiers mouvements et la douceur des premières caresses. Cela n'empêche pas que le préjugé est vaincu, excepté, s'il en existe encore, pour les nourrices du bon temps qui déplorent la perte des anciennes coutumes et la folie actuelle qui a mis la licence à la place d'une sage liberté. Elles ont tort. Si les enfants sont émancipés, ce n'est pas pour longtemps. Ils sont vite repris par le collège, qui les emprisonne dans ses uniformes, les tient assis, muets et immobiles sur ses bancs, sauf une couple d'heures de récréation accordées à la faiblesse humaine ; au sortir du collège, ce sera quelque autre uniforme, toujours l'uniforme, qui veille sévèrement sur le maintien et le langage. Ainsi l'antique maillot rejeté nous attend et nous ressaisit : il se métamorphose, il se colore, il se dore, et nombre d'hommes meurent sans se douter qu'on puisse vivre sans lui.

Peut-être avons-nous quelquefois demandé ici que les citoyens eussent plus de liberté d'agir ; pour aujourd'hui, nous songeons à la jeunesse des collèges, et nous demandons pour elle aussi un régime plus libéral.

(Janvier 1870.)

DE L'ENSEIGNEMENT CLASSIQUE

EN FRANCE

———

En parlant de l'enseignement secondaire en Angleterre, nous nous sommes laissé aller à parler de ce même enseignement en France, à exprimer des doutes sur sa perfection, et à proposer quelques réformes. Elles ont soulevé des objections. Nous avons examiné ces objections avec toute l'attention qu'elles méritent ; nous prions qu'on nous permette de ne pas les prendre une à une ; elles se rencontreront sur notre chemin dans une critique générale du système français d'enseignement. Dans cette critique, nous négligerons les détails de discipline et de méthode, pour examiner l'esprit même de l'enseignement, qui intéresse surtout le public.

Quel est le véritable but des études? Former l'intelligence et l'âme des enfants. Or, les études, telles qu'elles se pratiquent chez nous, paraissent avoir dévié de ce but. Au lieu de l'unique objet qu'elles devraient naturellement poursuivre, elles se proposent quatre objets différents, qui sont comme les quatre fins de l'enseignement classique; je les exposerai successivement.

D'abord les écoles, c'est-à-dire les deux Ecoles Polytechnique et de Saint-Cyr, vers lesquelles il y a un constant empressement. Chacun de nos lycées est devenu, pour une part, une grande institution préparatoire à ces écoles. On doit croire que les programmes ne laissent rien à reprendre. Ils ont été rédigés par des hommes compétents, les professeurs qui les suivent, peuvent, s'ils veulent, et ils le veulent sans doute, former à loisir d'excellents esprits ; mais les élèves, pressés d'arriver, goûtent les chemins courts, et ainsi s'établit une lutte entre les larges méthodes et la préparation mécanique, une lutte où il est à craindre que celle-ci ne l'emporte. Si elle l'emporte en effet, on risque de ne pas apprendre comme il faut ce qu'on apprend, et il y a en outre, d'autres choses qu'on n'apprend pas du tout, qui en vaudraient pourtant la peine. Le gouvernement a fixé, pour l'entrée dans les deux écoles dont nous parlons, une limite d'âge : il a décidé que les candidats ne devraient pas avoir plus de vingt ou de vingt et un ans au 1er janvier du concours de l'année : il s'est préoccupé de la conscription. Resserrés par cette limite d'âge, espérant peu réussir la première année où ils concourent, n'ayant presque jamais qu'une seconde année devant eux, les candidats aux écoles brusquent la rhétorique et brûlent la philosophie, négligeant en partie ou entièrement les deux enseignements supérieurs, littéraires et moraux, si nécessaires à tout le monde, principalement à ceux qui, pendant le séjour à l'école et pendant une grande partie de leur vie, seront enfermés dans l'étude ou l'application des mathématiques. On conviendra que cè n'est pas une heureuse idée de régler l'enseignement sur le recrutement.

Un autre objet que poursuit l'enseignement actuel est le baccalauréat. Il est exigé à l'entrée de plusieurs écoles, de la plupart des ministères et d'un grand nombre d'administrations ; si on est pas bachelier il est difficile d'être quelque chose. Mais est-on quelque chose parce qu'on est bachelier ? Personne n'ignore, et nous n'aurions garde d'y insister, les effets de cette course effrénée au baccalauréat : tant d'écoliers rêvant au diplôme dès le commencement de leurs classes, ne rêvant plus qu'à lui ; divisant toutes les matières de l'enseignement en utiles et inutiles, utiles celles qui sont dans le programme, inutiles celles qui n'y sont pas; distinguant les bons et les mauvais procédés pour apprendre ce qui est dans le programme, appelant bons procédés ceux qui sont expéditifs, comme d'apprendre par cœur, mauvais procédés ceux qui exigent des efforts exorbitants, comme de réfléchir. Donc, selon ces principes, ils laissent aller le professeur ; pour eux, ils vont leur pas, portant sous le bras l'indispensable manuel, le bréviaire des collèges ; ils font une mince rhétorique, ne s'intéressant point au français qui ne touche à l'examen que par l'orthographe; ils font ensuite une mince philosophie, ce qu'il faut pour démontrer décemment l'existence de Dieu, l'existence et l'immortalité de l'âme ; si, malgré des moyens si bien pris, ils échouent, ils se livrent pour quelques mois aux préparateurs, qui garantissent le baccalauréat à forfait; généralement ils deviennent bacheliers. Pour l'immense majorité des enfants et aussi des parents, le diplôme est le témoignage qu'on en a fini avec les études ; sans lui, on serait exposé à continuer d'étudier après le collège et peut-être toute la vie.

Les voilà bacheliers ; une fois qu'ils le sont, ils ont à se remettre du baccalauréat. Il y en a qui ne s'en remettent jamais. Ce n'est pas impunément qu'on a, pendant des années, et les années les plus tendres, plié son esprit à des exercices inintelligents ; ce n'est pas impunément non plus qu'on a été longtemps courbé sous la lourde encyclopédie qui forme le menu bagage des candidats au baccalauréat. Nous le reconnaissons volontiers : quand on examine, article par article, cet énorme amas de connaissances, on n'en trouve pas une seule qu'il ne soit bon d'avoir, et on conçoit difficilement un système d'éducation classique où on ne l'aurait pas ; on ne s'y passe point de littérature, d'histoire, de philosophie, de sciences naturelles et exactes, au moins des éléments, auxquels il faut avouer qu'on se réduit : chacune de ces connaissances, au moment où elle est reçue, meuble et forme l'intelligence, comme un aliment nourrit et fait croître le corps ; le tort est d'exiger que cet amas de notions accumulées pendant dix ans soient restituées d'un coup, qu'au lieu d'être représentées en force acquise, elles soient représentées en nature ; le mal n'est pas que tout entre dans les têtes, le mal est de vouloir que tout en sorte à la fois, par une espèce de déménagement. Et après qu'elles sont sorties la plupart n'y rentreront plus.

L'histoire du baccalauréat est des plus faciles. A l'origine, il est simple ; c'est un certificat que les écoliers qui ont fait d'honnêtes études obtiennent naturellement. De ce certificat d'études on s'avise de faire un passeport, pour arrêter l'encombrement des postulants à l'entrée des carrières ; la foule se précipite et l'examen faiblit ; on veut le fortifier, on le complique des façons les plus ingénieuses ; les candidats, non moins ingénieux, s'arrangent de tout et par leur industrie l'accommodent à leur médiocrité ; c'est une lutte entre ministres et candidats, où les ministres sont inévitablement vaincus, car les écoliers seront toujours plus habiles que les maîtres. Voyez ce qui se passe pour la composition latine qui, introduite dans le baccalauréat, devait relever le niveau de l'examen et restaurer les études ! Les uns arrivent avec des phrases toutes faites, phrases à tiroir, à l'usage des sujets prévus ; les autres improvisent et comme ces chrétiens qui, préoccupés du salut à bon marché, évitent avec un soin presque égal les vertus et les péchés mortels, ils ont un idéal de platitude correcte et servent à leurs juges un latin qui n'a de nom dans aucune langue.

On sait cela, et on n'en continue pas moins d'exiger autant qu'on le peut le baccalauréat, et on répète avec confiance un raisonnement à double fin ! S'agit-il de carrières littéraires, c'est bien le moins qu'on donne la preuve de connaissances littéraires. S'agit-il de carrières scientifiques, combien il importe qu'on ne se livre pas exclusivement aux sciences et qu'on donne la preuve de connaissances littéraires ! Soit, encore .faut-il que la preuve soit probante, et qu'y a-t-il de commun entre la littérature et ce malheureux discours latin ?

Si l'on tient absolument au baccalauréat, du moins qu'on tâche de le faire raisonnable. C'est la dernière réforme qui reste à essayer.

Un troisième objet que nos études poursuivent est le succès dans les concours. On sait combien nous sommes riches en concours et que les départements n'ont plus rien à envier à Paris. On ne manque jamais d'exciter l'émulation dans les harangues officielles : on invite élèves et professeurs à soutenir l'honneur de leur collège, comme si on était de nation à nation. Réduisons les choses au vrai : on ne parvient à exciter aucune jalousie de ce genre, et nous n'avons plus la naïveté des anciens maîtres qui, pour créer l'émulation dans leurs classes, divisaient leurs élèves en Romains et en Carthaginois ; dans les concours la gloire n'est pas anonyme, elle est personnelle, personnelle aux élèves, qui veulent être distingués par leurs succès, aux professeurs, qui veulent être distingués grâce à leurs élèves. Que cette émulation soit bonne ou mauvaise ce n'est pas une autre qui est excitée, c'est celle-là.

Elle n'est pas sans inspirer quelques craintes. En admettant que les professeurs ont assez de conscience pour ne pas négliger les élèves plus faibles, et pour ne pas s'occuper exclusivement des élèves qui donnent des espérances, en admettant que les élèves sont assez sages pour ne pas sacrifier l'ensemble des études aux facultés où ils ont des chances de réussir, toujours faut-il avouer qu'on a créé une tentation. Il est de même à craindre que les élèves qui ne doivent pas concourir, c'est-à-dire la grande majorité de la classe, désintéressés de ces brillants tournois, ne se désintéressent aussi des études et ne veuillent jouir du bénéfice de leur obscurité. C'est encore une tentation qui était inutile. Il est à craindre enfin que, dans la préoccupation du concours, l'enseignement ne sente le combat, qu'on n'envisage que le succès, qu'on ne songe qu'à manœuvrer avec précision, à exécuter avec adresse des exercices déterminés, et qu'il n'y ait plus assez de place pour le tranquille et honnête enseignement qui fonde pour l'avenir, qui se proportionne aux forts et aux faibles avec un désir particulier de relever ceux-ci, trouve son prix en lui-même et se croit suffisamment payé s'il a formé de bons esprits et de braves cœurs. On ne nie pas le mérite

des vainqueurs dans les concours, et on remarque,
pour les suivre dans leur carrière, ceux qui prennent les premiers rangs dans toutes les facultés ;
mais les amis des concours risquent de se tromper
quand ils présentent ces sujets pour justifier l’institution : le concours ne fait pas ces sujets, il les
montre ; ces faciles et heureux esprits sont destinés à se produire à l’occasion de tout et malgré
tout. Il est juste de réclamer pour le peuple sans
nom qui ne figure pas dans les concours et qui
prendra sa revanche dans le monde. Il se forme à
sa manière, il attend son heure, la société va par
lui, il sait agir, il sait même écrire et parler, non
pas comme l’enseigne le collège, mais comme l’enseignent l’étude, la passion et la vie.

Nous voyons avec un véritable chagrin la fureur des concours envahir l’instruction primaire :

> Une pauvre servante, au moins, m’étoit restée,
> Qui de ce mauvais air n’étoit point infectée.

L’humble instruction primaire devait être l’enseignement des faibles ; la vertu des maîtres devait
être la vertu des efforts obscurs ; à côté des leçons
de grammaire et de calcul, il y fallait tout un libre
enseignement, une perpétuelle leçon de choses,
pour éveiller la curiosité des enfants sur les objets
familiers de la nature et de l’industrie ; il y fallait

aussi une perpétuelle leçon de morale, celle qui, si elle ne laisse pas de trace dans les compositions, laisse une trace profonde dans les âmes ; mais non, tout cela n'était pas assez éclatant : on a créé les concours cantonaux, où les noms de quelques enfants et de quelques instituteurs sont proclamés au milieu des discours officiels et des pompes administratives ; là aussi, on parle de « porter haut et ferme le drapeau de l'école », d'une école de village ; là aussi il y a des vaincus et des vainqueurs, ou, si vous voulez, des triomphateurs, et il y a des écoles de filles et des filles qui triomphent ; là, le maître modeste, courageux et patient, qui s'est dévoué aux derniers de sa classe, et s'est contenté de bien faire, rougit comme s'il n'avait rien fait ou comme s'il avait mal fait ; là, on commence à calculer ce qu'un lauréat rapporte et ce qu'il mérite qu'on se donne de peine pour le former et le disputer à sa famille et à l'apprentissage. Que parlé-je des concours cantonaux ! Ils ont tué les prix de fin d'année ; mais eux-mêmes ils seront tués par les concours d'arrondissement qui commencent ; ceux-ci seront tués par les concours de département qui viendront, en attendant le couronnement de l'édifice, le concours général de la France, d'où sera extrait le lauréat des lauréats, le génie de l'orthographe. Je signale l'abus monstrueux, par acquit de conscience, sans beaucoup espérer. Il y a trente ans, quand j'avais l'honneur de vivre près de Victor Cousin, je me plaignais à lui de l'excès des concours; il me répondit : « Nous sommes ainsi en France. On ferait un concours d'enfants en nourrice, à qui bave le mieux. »

L'enseignement primaire m'a fait un moment oublier l'enseignement secondaire; j'y reviens. Le dernier objet que se propose l'enseignement classique est un certain idéal de perfection scolaire. L'Université a cherché un parfait modèle de l'homme et naturellement elle n'a trouvé rien de mieux que l'Université. Elle demande à ses élèves d'exceller aux exercices auxquels elle excelle ; c'est à croire que les professeurs ne sont pas faits pour l'enseignement, mais que l'enseignement est fait pour faire des professeurs. Nous accorderons tout ce qu'on voudra sur le mérite des discours et des vers latins : ils peuvent se recommander par de bonnes raisons, dont la première est qu'il n'y a pas d'exercice inutile; mais voici la question. N'est-il pas vrai qu'un infiniment petit nombre d'élèves dans une classe s'applique à ces exercices, qu'un plus petit nombre encore y réussit, que l'immense majorité des élèves en a le dégoût, vit d'emprunt ou compose misérablement ? Parmi ceux qui réussissent, il conviendrait encore de distinguer ceux qui y apportent un sentiment d'art et ceux qui travaillent en manœuvres, cousant des centons et de « bonnes expressions » qui dissimulent le vague et le vide absolu des idées. On se représente l'attention que la plupart des élèves donnent à la correction publique des compositions de cet ordre. En somme, par le fait des discours et des vers latins, il y a dans une classe deux classes étrangères. Pour sacrifier ainsi l'une à l'autre, la grande à la petite, il faut être bien sûr du profit qu'on obtient et que ce profit ne peut pas être obtenu sans sacrifice. Rendre ces exercices facultatifs et les remplacer par d'autres pour les élèves qui y renoncent est une mesure utile et modérée, que M. Duruy a appliquée aux vers latins, et qui pourrait être étendue aux discours latins du moment que l'examen du baccalauréat ès lettres abandonnerait cette épreuve de fraîche date, et n'aurait plus d'ailleurs l'importance qu'on lui a malheureusement donnée.

Une fois ce parti pris, on ne voit plus d'études qui ne puissent être communes à tous les élèves. Quelles sont ces études ? Celles-là même qui se font actuellement, en y introduisant quelques changements que nous essaierons de dire. L'étude des langues sera toujours le fond avec une recommandation particulière des deux langues mères du français, le latin et le grec : histoire, géographie, philosophie, sciences s'y ajoutent inévitablement, c'est le cours normal de l'instruction secondaire ; mais n'est-ce pas une faute grave de concentrer les sciences à la fin et d'enfermer toutes les premières années, celles de la curiosité si vive et si ouverte, dans l'étude du français, du latin et du grec ? Les sciences exactes n'ont-elles donc pas une foule de vérités qui peuvent être montrées aux yeux et fournir à des applications où l'activité des enfants s'emploierait? N'y a-t-il donc pas dans les sciences naturelles une foule de notions qu'ils saisiraient avidement, dont les unes leur serviraient à nommer les objets, à comprendre les ouvrages qu'ils rencontrent, à exécuter eux-mêmes de petits travaux, à réunir des collections ? C'est un crime d'ennuyer l'enfance, qu'on instruit et qu'on amuse à la fois si aisément en suivant l'éveil des facultés. Pourquoi reculer jusqu'à la rhétorique la composition française, comme si nos jeunes Français n'avaient pas de goût pour cet art national, comme s'il était impossible de choisir des sujets où ils mettent ce qu'ils ont d'idées et d'expérience, où ils expriment des sentiments naturels et essaient, sans la forcer, leur imagination ? Pourquoi, au lieu d'explications de morceaux courts et isolés, n'expliquerait-on pas largement des ouvrages entiers ou le principal de ces ouvrages, chaque élève apportant sa préparation et profitant de celle des autres, de sorte qu'on eût l'idée d'un tout et du génie d'un grand écrivain? Et quelle attention on exciterait si on animait l'interprétation des auteurs dans les classes comme la critique l'anime dans les livres, les journaux et les revues, appelant à son secours tout ce qui aide à comprendre les écrits : histoire, biographie, mœurs, art, politique, philosophie, religion, et les travaux qui ont fait de la critique littéraire contemporaine une science si solide et attrayante ? Pourquoi enfin n'encouragerait-on pas décidément la lecture? et quel mouvement n'y aurait-il pas dans une classe, si ceux qui ont lu appportaient des analyses, où ils apprendraient à démêler dans un livre ce qui est essentiel et l'esprit même de l'auteur ? Par exemple, quel apprentissage pour un jeune homme à qui on enseigne en classe la suite de l'histoire, de lire et d'analyser les principaux livres des meilleurs historiens de notre temps, si fécond en historiens excellents, de se familiariser avec leur méthode, leurs vues et leur style, de les comparer et de se former à cette école ! Et les jeunes gens qui suivent en classe un programme de philosophie, comme leur esprit serait rafraîchi par la lecture des *Mémoires sur Socrate*, des *Dialogues* de Platon,

des *Traités* de Malebranche ; comme ils profite-
raient à faire ou écouter l'analyse des meilleurs
écrits de nos philosophes contemporains !

Lorsque les quelques pratiques dont nous venons
de donner l'idée seront naturalisées dans les collèges, on pourra se passer des excitations artificielles : l'intérêt de l'enseignement remplacera
l'émulation des concours, et il saisira la classe
entière ; mais il n'y a pas à le cacher, cet intérêt
suppose deux choses qui paraîtront à plusieurs de
terribles nouveautés : une certaine liberté des élèves et une certaine liberté des professeurs. On a
souvent plaisanté sur la merveilleuse organisation
qui permet à un ministre de l'instruction publique,
quand il tire sa montre, de dire : « En ce moment
dans tous les collèges de l'Empire, on explique
tel passage de tel auteur ; » il ajouterait, sans se
tromper de beaucoup : « Et voici ce que dit le
maître. » Avec cet idéal français de la discipline du régiment, on tente de réduire des hommes intelligents et pleins d'ardeur à une précision automatique, tandis qu'il faudrait employer leurs aptitudes originales, ce qui fait le don
de communication, sans lequel il n'y a pas
d'enseignement. Quant aux élèves auditeurs passifs du maître, à l'imitation des cours de Facultés, il serait temps de les associer davantage à la

classe. Un des premiers principes de l'enseignement est de rendre les élèves actifs. On voit trop
les résultats du régime suivi depuis plus d'un
demi-siècle, aggravé, de ministre en ministre, par
la fureur indigène de réglementation : nos enfants
entrent au collège avides de tout savoir, ils en
sortent au bout de dix ans n'ayant plus envie de
rien apprendre ; on a éteint leur curiosité, et l'instrument même pour apprendre n'est souvent plus
en état : il a perdu son tranchant, sa pointe. Je
demande la permission de citer là-dessus une autorité ; ce sera encore cette fois Victor Cousin,
qu'on ne récusera pas dans ces questions et qu'on
aime à citer, parce que le bon sens, chez lui, prenait les formes les plus vives. Un jour, c'était
vers 1840, qu'il s'entretenait devant moi de la
langue française, de ses origines latines et de la
nécessité de connaître ces origines pour connaître la vraie valeur des mots, il lui en vint
tout à coup un exemple : « Voyez, me dit-il, la
» différence entre hébéter et abêtir. Abêtir, c'est
» rendre bête ; hébéter, c'est émousser ; ainsi nos
» études universitaires hébètent l'esprit. » On ne
pouvait mieux dire, on ne pouvait, en jugeant,
mieux garder la nuance, et je laisse le lecteur sur
ce mot heureux.

En résumé, l'enseigement classique, en France,

a quatre servitudes, deux involontaires et deux volontaires. Les deux servitudes involontaires sont la limite d'âge des écoles Polytechnique et de Saint-Cyr et le baccalauréat. Pour la limite d'âge, la contrainte lui vient du dehors ; pour le baccalauréat, du dehors aussi et du dedans, par la pression des élèves. Dans ces nécessités, l'Université est admirable de candeur : résistant aux jeunes gens et aux familles, qui la quitteraient volontiers des bonnes méthodes pourvu qu'on leur assurât le succès, attachée à former des esprits, méprisant les procédés mécaniques et les préparations industrielles. Les deux servitudes volontaires sont les concours et les exercices scolastiques : l'Université crée une émulation factice entre ses établissements, des supériorités factices dans chaque classe, toujours occupée à peser et à trier au lieu de faire appel à tous, d'exciter dans chaque élève l'émulation avec lui-même, en mettant dans ses leçons l'attrait et la vie.

Tel est l'état des choses ; on aura un grand courage et on sera sûrement traité de révolutionnaire et de rêveur, si on s'avise un jour de demander cette simple réforme : l'enseignement pour l'enseignement.

(Janvier 1870.)

DE

L'ENSEIGNEMENT DES FACULTÉS

M. Saint-Marc Girardin a été pendant quarante ans professeur à la Sorbonne, non sur l'affiche, mais dans sa chaire, tant qu'il l'a pu. Pendant cet intervalle, surtout dans les dernières années, tout en respectant son succès incontesté, on en est venu à dire que cette sorte de cours avait fait son temps et que M. Saint-Marc Girardin avait excellé dans un genre condamné. Il n'acceptait pas cette condamnation et il aurait plutôt sacrifié le professeur que le genre du cours professé. Du reste, il voyait qu'il ne s'agissait pas seulement de réformer l'enseignement des Facultés, mais aussi celui des lycées, tout l'enseignement public, et par là l'esprit même de la nation ; il ne pouvait ni admettre, ni à peine concevoir une telle entreprise, et le sujet est revenu si souvent dans nos entretiens, qu'on me pardonnera d'y insister, car je suis sûr de rendre ses idées. C'était parmi les choses qui lui tenaient le plus profondément au cœur.

Oui, il n'y a pas à le nier, il s'est produit, en fait d'enseignement, un mouvement d'opinion qui mérite d'être pris en grande considération, par la nature des raisons qui sont produites et des personnes qui les présentent. On est mécontent de l'enseignement des Facultés des Lettres et des lycées ; on proteste contre ce qu'on appelle les cours oratoires des Facultés et contre les exercices d'imagination des lycées ; on voudrait y substituer, dans les Facultés, de fortes leçons d'érudition et de grammaire ; dans les lycées, des notions solides de grammaire et, une fois que les écoliers posséderaient cette clef des langues, de fortes explications des auteurs. C'est, comme on le voit, tout un système nouveau.

Cette réaction a été causée à la fois par les défauts qu'on a vus dans l'enseignement et par la faveur qu'ont prise certaines branches d'instruction. On craint que dans les lycées, destinés à faire connaître les trois langues, grecque, latine et française, les principes de ces trois langues ne soient pas suffisamment étudiés et que, par l'abus de certains genres de compositions ou artificielles ou trop séparées de la réalité historique, les jeunes gens ne s'habituent aux formes vides ; on trouve aussi qu'ils sortent des classes ne connaissant guère que des morceaux des littératures avec lesquelles ils devraient être familiers. Quant aux Facultés, l'aspect d'un certain nombre de cours faits pour amuser un public de passage n'a pas paru être digne du nom d'enseignement supérieur donné par l'Etat, et on les a renvoyés aux athénées et aux conférences.

Dans les idées nouvelles, l'élève devrait profiter chaque jour d'une quantité calculable, augmenter son avoir d'une somme déterminée de connaissances ; aussi, dans ce système, choisit-on les connaissances qui se prêtent à ce compte exact. Il faut avouer qu'il y a là quelque chose de rigoureux qui exclut l'arbitraire dans les estimations : mais c'est justement cette rigueur dont il faut se défier. S'il ne s'agit que d'acquérir un nombre donné de notions, à tant par jour et par heure, on en verrait le bout ; ce serait différent s'il s'agissait de former une intelligence capable de travailler sur de certains objets ; or, c'est cela qui est la vérité : la doctrine du produit net n'est pas de mise dans ces affaires ; l'esprit n'est pas un magasin, c'est un instrument. Trouver les idées d'un sujet, distinguer celles qui lui conviennent et celles qui ne lui conviennent pas, les développer, c'est-à-dire les faire passer par diverses formes, jusqu'à ce qu'elles arrivent à la clarté nécessaire pour entrer dans tous les esprits, deviner les sentiments qui ont dû naître chez un homme dans une circonstance donnée, essayer les expressions et les tours de la langue ; pour achever, ne pas se contenter d'abstractions, mais se placer toujours en pleine histoire, varier, ajuster son invention et son langage, en consultant la vérité des temps, des lieux, des personnes, c'est un travail qui vaut la peine d'être fait et qui se fait chez nous ; l'esprit acquiert par ces exercices une singulière souplesse, qui lui permet de s'employer diversement et avec plus d'aisance là où il s'emploie. Ainsi se conserve dans l'art d'écrire, comme dans les autres arts et dans l'industrie, ce qui est ici et qui n'est pas partout : la façon, le style, la main, le génie léger de l'ouvrier français. M. Saint-Marc Girardin avait été formé par cette méthode ; il ne s'en repentait pas et personne ne s'en plaignait.

On croit quelquefois que tout ce temps passé à essayer de composer et d'écrire est perdu pour la connaissance des grands auteurs ; l'affirmation est plus que contestable. Assurément on ne saurait trop mépriser la routine qui, dans le fanatisme des devoirs du collège, ne donne de l'antiquité que ce qu'il en faut pour la provision de ces devoirs, craint la lecture comme une distraction de cet objet, et renvoie des jeunes gens, après dix ans, ne connaissant de grec, de latin et de français que le leur ; cela est misérable, et il faut espérer qu'il viendra un temps où on ne quittera plus les classes sans connaître les admirables écrivains grecs, latins et français, les maîtres de la maison, en définitive ; mais, pour bien les connaître, ce n'est pas assez de les lire, il faut tâcher de les imiter, de dérober leur art. Tant qu'on se borne à les regarder, mille choses échappent ; essaie-t-on de composer et d'écrire à leur exemple, on est épouvanté de sa propre faiblesse et l'on sent qu'on n'avancera à rien si on ne saisit leur secret ; c'est en comparant la faiblesse du trait que l'on trace avec la fierté de leur trait immortel, c'est en vous corrigeant sur eux, c'est en osant, après eux, que vous pourrez espérer d'entrer dans leur esprit, et si vous avez écrit dans toute votre vie une seule ligne à laquelle ils auraient souri, soyez tranquilles, vous les connaissez.

M. Saint-Marc Girardin n'a jamais songé à

demander qu'il n'y eût qu'une sorte d'éducation pour tous les Français, celle qui était le plus de son goût : il admettait qu'il y en eût de différentes selon les besoins ; il se bornait à demander que celle-ci fût conservée dans le nombre, car on a besoin aussi des hommes qu'elle fournit. Avec elle, il est vrai, il est peu commode de dire expressément où en est un jeune homme ; ce qui est sûr, c'est qu'il n'est pas aujourd'hui où il en était hier ; que, sans le savoir, il se lève chaque matin autre qu'il ne s'est levé la veille ; c'est une éducation végétative qui travaille la sève, et la sève, à son tour, produit des feuilles, des fleurs et des fruits, par la grâce de l'air et du soleil ; au cas où il n'y aurait pas assez d'air et de soleil dans notre éducation, il suffirait de les y mettre, en gardant l'éducation.

S'il acceptait ce qu'il y a de légitime dans les réclamations contre certains abus des Facultés, on devine les réserves que M. Saint-Marc Girardin devait faire contre la réforme absolue que l'on propose dans cet enseignement. L'érudition est estimée comme elle le mérite : elle est la bonne information, sans laquelle il n'y a rien qu'une science vague et pour ainsi dire en l'air. La grammaire a une faveur tout à fait nouvelle : comme instrument, elle interprète les textes, en discute l'authenticité, l'origine et la date ; comme science, elle étudie l'immense et curieuse végétation des langues, et y trouve des indications sur la parenté des familles humaines. Il importe donc que dans l'érudition et la philologie la France tienne son rang : or, comme M. Albert Dumont le faisait remarquer, il n'a jamais manqué de s'y produire quelque homme éminent qui les traite en maître ; mais on craint toujours aussi que cette bonne fortune ne se renouvelle pas, et l'on est inquiet de trouver des ouvriers par qui la tradition se continue ; on n'est pas tranquille sur le recrutement, qui abonde dans d'autres pays, et l'on se préoccupe de l'assurer. Combien cela est juste ! Où commence l'injustice, c'est quand on prétend mettre toute une nation à ce métier, surtout quand cette nation est la nation française. Elle a beaucoup de défauts qu'elle ne cache guère ; elle a aussi quelques qualités. Elle a toujours compté et, malgré la fortune, elle compte toujours dans le monde par des aptitudes d'esprit que rien ne pourra lui enlever, excepté nous, si nous sommes assez imprudents pour essayer de la dénaturer. Elle est le pays des esprits lumineux qui se reconnaissent au milieu des idées, les discutent, les jugent, élèvent les idées vraies à une clarté supérieure qui les rend visibles à tous. Rabelais, Montaigne, Pascal, Descartes, Montesquieu, Voltaire sont tous des Français ; il y en a d'autres : la foule sans cesse renouvelée qui, avec un nom moindre ou sans nom, écrit et cause et alimente l'éternelle querelle du vrai et du faux, en philosophie, en religion, en morale, en politique, en art, avide de s'entendre et de se faire entendre, décidée à n'être dupe de rien, et qui, constamment en exercice, arrive à distinguer la vérité par une espèce de tact. Mais ce n'est pas seulement un pays de critiques ; quels écrivains et quelle variété ! Tout ce pays est amoureux du bien dire : un trait heureux, un mot trouvé le ravissent, et il n'y a pas de situation où on ne le trouve ; aussi est-ce un des plus sensibles plaisirs qu'on puisse éprouver que d'être au milieu de ce public si fin connaisseur. On reconnaît avec joie que la culture ne fait pas tout ici, qu'il y a le sol.

Ce grand public mériterait qu'on lui rendît plus de justice. On est bien méprisant pour les conférences. Il semble qu'il suffirait de mépriser celles qui le méritent, car enfin il y a conférences et conférences ; il y en a de frivoles, il y en a de sérieuses. Le fait d'inviter un grand nombre de personnes pour les entretenir d'un sujet ne prouve pas nécessairement qu'on ne leur enseignera rien ;

seulement il va sans dire qu'on s'interdit certains sujets qui, à cause de leur difficulté, ne comportent pas un nombreux auditoire, et qu'on présentera les autres par les côtés les plus accessibles. Par exemple, l'astronomie a différentes profondeurs : on ne fait pas de conférences sur la mécanique céleste, on peut en faire sur la cosmographie, et qui ne sont pas, loin de là, du temps de perdu. D'ailleurs, une certaine nature de sujets, les sujets de littérature et de morale, sont accessibles à tous les hommes cultivés, et même aux hommes simplement intelligents. Aussi M. Saint-Marc Girardin ne crut pas déroger en répétant aux conférences de la salle Barthélemy une de ses leçons de la Sorbonne sur La Fontaine ; elle était très instructive et excellente à la Sorbonne: elle fut très instructive et excellente à la salle Barthélemy; toute la différence était qu'il y avait ici quelques milliers d'auditeurs de plus, et le bon sens et l'esprit firent encore plus d'effet sur ce grand public si éveillé.. Pour ne parler que des morts, est-ce que M. Cochin croyait seulement amuser quand il racontait à cette même foule, avec une si simple éloquence, la vie et les vertus d'Abraham Lincoln? Nous laissons à chacun de mettre sous ce nom de conférences le nom d'hommes qui l'ont enseigné et charmé, qui ont

entretenu en lui le goût des choses littéraires,
fortifié en lui l'idée d'un devoir, ranimé, quand
elle languissait, la vie morale du pays, et peut-
être, en de tristes heures, nous ont appris à ne
pas désespérer de la France. Fi des amuseurs
publics ! Ce métier est indigne de la parole ;
mais elle est aussi bien hautaine, si elle prétend
ne s'adresser qu'à quelques-uns et dédaigne le
reste.

Ce pays, grâce à Dieu, est vivant ; n'allons pas
le refroidir et l'éteindre. Bien des choses servent
à nourrir cette activité : les articles de journaux
et de revues, les livres, les théâtres, les concerts,
les musées, les expositions, les cours publics,
les discours de la chaire, de tribune et d'académie, enfin, tout ce qui fait sentir à l'esprit qu'il
existe. N'y eût-il que le mouvement, par lui-même
le mouvement est bon, il est préférable à l'inertie ;
mais on n'en est pas réduit là, l'esprit ne se contente pas de se mouvoir, il se forme, il prend
l'habitude de saisir, de juger les idées à leur
valeur, et en jugeant il acquiert la justesse et
la délicatesse, qui servent partout. Qui peut dire
combien d'esprits ont excités et redressés les
feuilletons de Sainte-Beuve, pratiquant en public,
chaque semaine pendant tant d'années, ces pesées
et ces contre-pesées, avec ces balances si sensibles

où il plaçait les vivants et les morts ? Qui sait quel travail a été fait dans les intelligences par la lecture de l'histoire telle qu'elle est entendue depuis cinquante ans, avec sa précision, ses scrupules infinis, sa résolution de poursuivre la vérité sur les événements et sur leurs causes, de marquer de leur caractère propre les hommes, les lieux, les temps ? Comme, à cet exercice, la vue a dû devenir plus nette, plus fine, plus étendue ! Et devant cette variété de l'histoire, combien l'âme est remuée par des sentiments qu'elle n'avait jamais compris ! Or, l'intelligence de toutes choses, la critique qui donne à chacune sa valeur, la richesse et l'élévation des goûts et des sentiments, c'est la civilisation. « Plus de lumière ! » disait Gœthe mourant ; oui, et plus de chaleur ; plus de lumière et plus de chaleur, plus de tout ce qui fait vivre.

Revenons aux cours de Facultés. Pourquoi vouloir les ramener à une condition uniforme ? Il y a des cours qui, par leur objet, n'admettent évidemment qu'un nombre d'auditeurs restreint : tels sont plusieurs cours du Collège de France et de l'Ecole des hautes études ; il y a aussi des hommes qui, par la nature de leur esprit essentiellement scientifique, donnent cette tournure à leurs cours et enseignent plus utilement quelques auditeurs qu'ils n'enseigneraient un nombre plus considérable ; il y a enfin des cours et des hommes qui se prêtent également aux petits et aux grands auditoires ; aussi voit-on souvent des professeurs qui font, comme on dit, une grande et une petite leçon, marquant par là de quoi et à qui ils entendent parler. Tout est bon qui est bien fait ; il n'y a de mauvais que de vouloir des auditeurs à tout prix, et de sacrifier à ce succès l'utilité et la dignité de l'enseignement. Il faudrait bien établir qu'il n'est ni humiliant d'avoir peu d'auditeurs, ni glorieux : que, le talent supposé (et on ne s'en passe point), tout dépend de la conscience. L'enseignement ne peut pas ne servir qu'à faire des professeurs. Il est bon qu'il y ait des professeurs ; mais, sans leur faire tort, il est bon qu'il y ait aussi autre chose, ne fût-ce que pour varier. Tout professeur n'est pas Villemain, Cousin, Guizot, Saint-Marc Girardin ; mais si un de ces hommes se rencontre, il importe qu'il y ait place pour lui, que des auditeurs venus de partout emportent partout ses idées, transmettent l'impression reçue, étendent le mouvement ; à côté du livre il importe de garder l'enseignement autrement vivant de la parole, la communication rapide des esprits aux esprits, l'émotion contagieuse, l'électricité des foules. Et là où la foule manque à des leçons de ce genre, tout ne manque pas. Un certain nombre des meilleurs livres de notre temps ont été professés devant un modeste auditoire, ils ont été écrits pour ce public, avec ce public ; on s'est donné la peine pour lui, après avoir étudié consciencieusement un sujet, de rejeter les matériaux inutiles, de ranger les autres en ordre, de présenter ses idées avec un soin qu'on n'eût pas pris pour soi-même ; aussi les leçons sont-elles devenues des ouvrages pour un public illimité, des ouvrages d'un agrément sérieux. Mais, que voulez-vous ? aujourd'hui on se méfie de l'agrément ; il nous reste encore cela à perdre.

Pendant tout le temps qu'il a occupé sa chaire de la Sorbonne, M. Saint-Marc Girardin a été populaire. La popularité est douce à celui qui la possède ; du reste, elle vaut le prix dont on la paie, car il y en a à tous les prix : elle est misérable quand un homme flatte les passions du public et descend, pour la garder, à toutes les complaisances; il est vrai que, lorsqu'elle est achetée ainsi, elle ne dure pas longtemps, et que, le bon sens et l'honneur prenant vite le dessus chez ceux qu'on a séduits, on devient leur jouet et l'on finit misérablement. M. Saint-Marc Girardin jouissait de sa popularité bien acquise, et il la trouvait bonne, parce qu'elle sert à faire le bien, parce qu'elle lui donnait accès dans l'âme de la jeunesse pour y faire pénétrer des idées justes et de bons sentiments. A l'occasion il ne se refusait pas une fine épigramme contre les puissances du jour, qui étaient assez fortes pour ne point s'apercevoir de cela. Renoncer à ce plaisir eût été bien stoïcien ; puis la liberté d'avoir de l'esprit est, en ce pays, une des libertés nécessaires ; de plus, il n'y a pas de mal à rire un peu entre honnêtes gens : le rire ouvre le cœur et fait passer beaucoup de bonnes choses ; ceux qui avaient ri d'une épigramme contre le gouvernement ne pouvaient se fâcher lorsque, un moment après, ils étaient atteints eux-mêmes. Ce qu'il est permis d'affirmer, c'est que M. Saint-Marc Girardin n'entendait pas fonder là-dessus son succès ; même, vers la fin de l'Empire, quand l'opinion sentit sa force, un peu avant que l'Empire déclinant se convertît, les moindres allusions étaient si vivement saisies, si accentuées par la faveur du public, ses applaudissements tournaient si aisément en allusion des paroles sans malice, l'auditoire était devenu si nerveux et la salle de la Sorbonne si sonore, que M. Saint-Marc Girardin avait peur d'un succès qui n'était pas de son goût : ce fut, je puis le dire, la principale cause, et bien honorable, pour laquelle il abandonna alors son enseignement.

Ceux qui ne l'ont connu qu'à son cours ou aux examens, ne l'ont pas connu. Devant le public, il ne cherchait pas l'esprit, il n'avait pas à le chercher, il le trouvait ; mais il n'était pas sans quelque coquetterie. Il fallait le voir dans l'intimité : c'était une simplicité parfaite, le commerce le plus uni et le plus doux, avec des causeries sans fin, de vraies causeries, en pleine liberté, en pleine sécurité, où l'on ose parler de tout, même des choses sur lesquelles on est le plus contraire, parce que chacun des deux permet à l'autre d'être ce qu'il est et l'aime ainsi, que rien n'est difficile avec la bonne grâce, et qu'en définitive, avant le point où l'on se sépare, il y a un terrain commun de principes solides et de sentiments élevés, où l'on est certain de se retrouver toujours, comme il convient à d'honnêtes gens. Il ne peut pas nuire, si cela se rencontre, qu'on ait aussi un goût commun, par exemple, le goût de l'observation morale. Il était né moraliste ; on sentait toujours dans ses cours et dans sa conversation l'homme qui connaît les hommes. Il connaissait tellement les hommes qu'il ne demandait à personne la perfection, et quand avec quelques qualités essentielles il avait découvert des défauts, il était indulgent aux défauts, il prenait le tout ensemble, mettait le bon au compte de la personne et le mal au compte de l'humanité.

Si on lui recommandait un domestique en lui disant qu'il était sans défauts, il le refusait, certain de quelque vice ; au contraire, une fois qu'il savait ce qui lui manquait, il savait à quoi il devait s'attendre et sur quoi prendre son parti. Cette science du cœur humain le rendait d'un commerce extrêmement facile. Ce qui y aidait encore, c'est qu'il acceptait l'heureuse variété de la nature humaine ; il prenait chacun « dans son air » ; il permettait que chacun fût soi-même, sachant parfaitement que, sauf pour l'honnêteté et la sincérité, qui dépendent de nous, on n'est pas ce que l'on veut, et que nos idées et nos sentiments tiennent à mille causes. On était donc tranquille quand on causait avec lui ; on était sûr de ne pas le blesser en montrant des opinions qui n'étaient pas les siennes. Ainsi, divisés sur bien des points, et très délicats. nous avons pu jusqu'au dernier moment parler librement de toutes choses ; nous n'étions pas toujours du même avis, mais nous étions toujours d'accord. Il est même arrivé que, vivant ensemble, nous soutenions, dans le même journal, des thèses contraires, sous l'anonyme, que nous ne manquions jamais de nous reconnaître, et que nous nous amusions beaucoup de ces découvertes.

Avec cette facilité générale de vivre, il avait un mérite qui la relevait singulièrement : il était ex-

trêmement sensible à la valeur individuelle. Il distinguait entre être quelque chose et être quelqu'un.
Être quelque chose, ce n'est pas grand'chose ; mais
être quelqu'un ! il vaut la peine de l'être, et cela
n'est pas donné à tout le monde. Aussi, quand il
avait dit d'un homme que c'était 'quelqu'un, il
en avait fait un bien grand éloge ; il l'avait mis
à part des autres, qu'il classait en bloc dans les
indiscernables.

Sa grande et clairvoyante expérience lui faisait
prendre les événements à peu près comme il prenait les hommes, avec une fine indulgence. Il
croyait en ce qu'il appelait la bizarrerie des événements : il croyait que les choses tournent presque
toujours autrement qu'on ne l'avait pensé, que
l'imprévu se joue de ce monde, que l'accident est
le maître des affaires. Lors donc que les choses
allaient bien, il ne s'y fiait pas, et lorsqu'elles allaient mal, il ne s'inquiétait pas trop non plus ;
il attendait, ce qui ne manque guère, l'effet du
temps sur les impatiences, la difficulté d'aller vite,
les délais des affaires humaines, dont Hamlet se
plaint, les rivalités des acteurs, le refroidissement
pour ce qui avait d'abord charmé, les passions qui
surviennent et font qu'on aime ailleurs, les événements qui emportent à mille lieues d'où l'on était.
Un jour que nous causions d'un sujet qui nous

donnait des craintes, il me disait : « Ce qui sauve ce pays, c'est qu'il a une grande fécondité d'avortements. » Les grandes vivacités qui éclatent de temps à autre chez nos Français ne l'épouvantaient point, parce qu'il savait qu'un si beau feu ne manque pas de s'abattre. Il avait là-dessus une histoire qu'il appelait complaisamment une de ses histoires. « Quelques jours, disait-il, après la ré-
» volution de Juillet, j'allais à un rendez-vous où
» devaient se trouver quelques hommes politi-
» ques pour causer de la situation. Le long du
» chemin je vois un ivrogne arrêté devant un chien
» qui avait ôté sa muselière en dépit des règle-
» ments, et lui tenant ce discours : « — Tu as fait
» ta révolution, toi aussi, tu as ôté ta muselière,
» on te la remettra, va, on te la remettra. » J'ar-
» rive tout égayé de cette scène chez mes amis, et
» lorsque vint la question de ce qu'il y avait à
» faire dans la situation, je leur dis : « Messieurs,
» je viens de l'apprendre au moment même », et
» leur racontai mon histoire. On la trouva pleine
» de sens, on jugea seulement qu'il convenait d'at-
» tendre encore un peu. »

Mais qu'on ne s'y trompe pas : il distinguait entre les événements comme entre les hommes, et il ne s'était pas fait la sagesse commode pour bien vivre, qui accepte tout. Pendant l'Empire, resté professeur et journaliste, il avait critiqué ce régime avec la discrétion hardie qui était le fort de son talent. La déclaration de guerre le consterna, il souffrit cruellement de nos désastres, et quand il apprit qu'il était nommé député, résigné à voter la paix, parce qu'il ne croyait pas autre chose possible, il fondit en larmes ; il fut, par surcroît, nommé l'un des commissaires élus par l'Assemblée pour examiner les conditions de la paix : ses fonctions politiques lui enlevèrent le repos de la vie de la campagne, qui lui était si nécessaire; il assista au déclin de sa santé, il se sentit frappé à mort et fit sans murmurer ce dernier sacrifice à son pays.

Sa conversation était charmante : c'était une vraie conversation. Il ne parlait pas seul (un genre où M. Cousin était incomparable), il causait : il laissait venir et partir les sujets comme ils voulaient, ne s'obstinant à rien, se prêtant à tout, et, comme il avait le sens commun original, n'affectant que la raison, mais une raison piquante, avec un demi-sourire qui se marquait dans ses yeux pleins d'esprit. Il donnai de l'esprit à ceux avec qui il causait ; mais il ne fallait pas s'endormir avec lui, car il portait et rendait vivement l'attaque, et, quand il trouvait de forts joueurs, c'était une partie merveilleuse. Entre M. Legouvé et lui, bons voisins de campagne, on se rencontrait quelquefois ainsi à Morsang et à.Seine-Port. Il ne se réservait pas pour les grandes circonstances ; il était toujours prêt, surtout avec ceux qu'il aimait, et la bonne grâce qu'il montrait alors était une marque délicate de son affection. Nous avons vécu jusqu'à six mois de suite constamment ensemble, toujours contents de nous retrouver après le travail et les affaires, ce qui eût été impossible s'il y avait eu d'un côté ou de l'autre la moindre prétention, le moindre effort ; c'était un commerce aisé, naturel et charmant : nulle envie de briller, mais certainement le désir d'être agréable, avec une disposition à trouver ce qu'il faut pour l'être, ou comme Mme de Sévigné le dit d'une manière exquise : « une envie de plaire qui fait qu'on plaît ».

Il était un homme de famille ; il trouvait là deux forces qu'il ne séparait jamais, sans lesquelles il ne concevait pas la vie : l'affection et le devoir ; il a été frappé cruellement à cet endroit. et l'existence de cet homme qu'on appelait heureux a été traversée par des événements terribles ; mais chaque fois, après le premier ébranlement, il reprenait son équilibre : quelle que fût sa souffrance, il aimait mieux ses douleurs que d'autres plaisirs. Il a longtemps conservé sa vieille mère, une femme de grand sens et de grand courage, dont elle avait eu besoin dans des années difficiles ; il a eu jusqu'à la fin près de lui la femme d'un cœur admirable, qui n'a jamais une seule fois pensé à elle-même, et des enfants, les plus respectueux et les plus tendres, en qui il revit.

Il n'était pas comme quelques-uns qui déploient toutes leurs grâces dans le monde et gardent leur mauvaise humeur pour la maison. Sous cette influence sereine, les naturels se mettaient en liberté. Tantôt on devisait en paix, tantôt il s'élevait de violents orages : la jeunesse, intolérante dans ses idées, exclusive dans ses goûts, allait en guerre contre le père de famille ; la politique, la littérature, la morale, les choses et les hommes, l'hygiène et la médecine, où les dames n'entendaient pas qu'il eût la prétention de se gouverner à sa guise, tous les sujets passaient et repassaient, et Dieu sait ce qu'il partait de saillies ! Les questions les plus vives étaient, cela va sans dire, les questions de personnes ; M. Saint-Marc Girardin était, en général, pour l'indulgence, qu'on lui reprochait amèrement. Je me souviens qu'un jour il s'éleva une discussion de ce genre. « Vous mangez, dit-il, le prochain. — Oh ! nous le ménageons. — C'est-à-dire que vous en laissez pour demain. » Et la discussion se termina par un éclat de rire. Dans ces querelles, j'étais quelquefois de son côté ; mais j'étais plus souvent du côté de la puissance, des femmes dans tous les temps, des enfants dans la société moderne, quand elle est bien ordonnée. Hélas ! l'aimable petite société n'est plus, mais laquelle subsiste de celles où l'on rêvait de passer la vie ? Nous sommes comme des tourbillons de feuilles que le vent forme et disperse.

Je l'ai connu plus de vingt ans, et notre connaissance a promptement tourné en amitié, qui a été très intime dans les dernières années. Cette amitié de sa part était active. Je n'oublie pas qu'il y a aujourd'hui seize ans, d'accord avec M. de Rémusat, il porta mon premier article à M. Edouard Bertin, qui me mit immédiatement de la famille. En me présentant au *Journal des Débats,* M. Saint-Marc Girardin croyait au talent que son affection me prêtait ; il croyait, et il ne se trompait point, que j'étais prêt à suivre, sans y manquer jamais, la règle de la maison : le respect de soi-même et du public. Nous étions assurés que, lorsqu'un de nous mourrait, il serait vivement regretté de l'autre ; c'est moi qui le regrette tous les jours.

(Février 1875.)

ÉCOLE NORMALE[1]

SÉANCE DU 7 NOVEMBRE 1872

PRÉSIDÉE PAR M. JULES SIMON, MINISTRE DE L'INSTRUCTION
PUBLIQUE

Monsieur le Ministre,

Vous avez voulu que cette réunion gardât son
caractère de réunion de famille ; vous ne pouviez nous être plus agréable, particulièrement à
celui qui doit vous présenter le rapport sur
l'année qui vient de s'écouler. L'éloquence y perdra peut-être ; mais nous vous remercions de

[1] Nommé directeur de l'École Normale vers la fin de 1871,
M. Bersot rendit le compte suivant de la première année de sa
direction, dans une réunion publique de l'École présidée par le
ministre.

nous avoir permis ce que vous recommandez à tous les élèves de l'Université dans votre circulaire du 27 septembre : des idées plus simples et des sentiments plus personnels.

Se peut-il, Monsieur le Ministre, qu'il se soit écoulé tant d'années (il y en a vraiment trente-six) depuis que nous assistions ensemble à cette mémorable séance de rentrée où nous écoutions, émerveillés, M. Cousin ? Que n'est-il ici ! Il manque ici comme partout, car partout il portait la vie avec lui. Il faut, hélas ! le dire : après un petit nombre que nous sommes, on ne le connaîtra plus. On admirera toujours ses écrits ; mais on n'aura pas vu, on n'aura pas entendu le causeur merveilleux, cette conversation de raison, d'esprit, de fantaisie, d'éloquence sur tous les sujets, avec le geste expressif et le regard de feu, qui était un vrai éblouissement et une fête incomparable. L'intelligence toujours en mouvement, il ne se reposait pas et ne laissait reposer personne. Vous le savez, Monsieur le Ministre, vous qui étiez un de ceux en qui il espérait le plus : il faisait travailler tout le monde et il a travaillé plus que tout le monde : la mort l'a surpris travaillant. On a perdu en lui un grand excitateur. Je l'ai beaucoup aimé ; il m'a aimé aussi, avec mon indépendance, et, puisque l'invraisemblance des événements m'a ramené dans cette École, j'ai voulu y redire son nom.....

S'ils n'avaient suivi que leur inclination, les élèves de la première année des Lettres auraient fait les travaux de la seconde année, et la seconde année ceux que fait la troisième, aux prises avec l'Agrégation. Ils ont eu la sagesse de s'arrêter. La première année s'est souvenue qu'il faut absolument être licencié ; puis, elle a reconnu ce qu'elle pouvait retirer de cette nécessité pour un autre profit. Nous avons assez entendu dire : les normaliens débutent par refaire leur rhétorique. Soit, mais rhétorique d'une espèce particulière. Il y a des cours d'histoire et de philosophie qui ne sont pas précisément à l'usage du baccalauréat ; dans cette rhétorique, on explique les auteurs de manière à savoir ce que c'est que le latin, le grec et le français, et le latin, le grec et le français de chaque auteur ; en fait d'exercices, au sortir des grands discours héroïques, on apprend à entrer dans une pensée littéraire, à en discerner le sens et la portée. Les maîtres à qui on a affaire n'ont pas le culte de l'uniformité ; ils n'imposent que les règles du bon sens, sans lesquelles on ne peut ni penser ni écrire ; ils estiment peu la fausse originalité, mais ils aiment la vraie et ils la cultivent. Il est curieux d'étudier les premiers exercices de nos jeunes gens : des souvenirs de collège, le sentiment que c'en est fini de cela, des essais d'autres choses, tantôt timides et quelquefois un peu gauches, tantôt fiers, avec des hardiesses effrayantes ou des beautés rapportées des journaux en vogue ; mais, au milieu de cette inexpérience, ce qu'il perce de talent réel et qui promet, en un mot, la fièvre de croissance, une fièvre que ne connaissent ni les heureux mortels semblables aux dieux, qui sont parfaits en naissant, ni ceux qui, nés médiocres, sont destinés par la nature à l'être toujours. Il est curieux de comparer ces commencements avec la fin de la première année, ce que, sous la conduite de maîtres intelligents, les esprits ont acquis de justesse et de délicatesse, comment les qualités propres de chacun se sont dégagées, et ce qu'il s'y est mis d'équilibre.

Il était facile de s'entendre avec les élèves de seconde année. Ils avaient, comme toute l'Ecole, la salutaire horreur de la déclamation vide, un besoin d'information exacte et complète, où l'on reconnaît une grande vertu de notre temps. Ils s'y reposaient peut-être trop ; nous les avons priés de nous donner davantage. Il nous a semblé qu'à l'Ecole normale, en France, il ne suffit pas de savoir ce dont on parle, il faut encore en parler d'une certaine façon : que les matériaux sont les matériaux, mais qu'on cherche l'artiste, et qu'on exige que dans tout travail l'auteur mette quelque chose de lui-même, que dans tout travail littéraire il y ait au moins une page personnelle. C'est la vieille querelle entre le savoir et le talent. Nous étions rassurés sur l'un, nous savions que nous pouvions demander l'autre ; l'Ecole ne se passe pas de talent.

On peut sans danger le lui recommander, car elle n'a aucune passion pour les formes oratoires où les beaux esprits se sont si longtemps complu. Vous vous en souvenez, Monsieur le Ministre, nous avons vu la fin de l'âge de la phrase, nous en avons connu les derniers hommes. Encore une race éteinte ! Ils goûtaient des plaisirs que le monde ne connaît plus. Il y avait dans la phrase un charme qui captivait les sens et assoupissait l'esprit ; à cette harmonie, les tourments de la pensée s'apaisaient, les contradictions se conciliaient, les doutes s'évanouissaient ; quand on était trop pressé par les difficultés, on se réfugiait dans la phrase, comme les dieux de l'*Iliade*, trop pressés par les humains, se réfugiaient dans un nuage. Aujourd'hui les temps sont durs : cette magie a disparu ; nous sommes aux prises avec les choses, et il faut en avoir raison, ou elles de nous. Mais qui sait ? Est-il bien sûr que la phrase

soit morte ? Il se peut qu'elle soit simplement mé-
tamorphosée. Je ne suis pas, je l'avoue, toujours
rassuré en lisant, je ne dis pas les travaux de nos
élèves, mais des livres et des articles de revue et
de journaux, où tout ce qui écrit met la main ; il
me semble que le progrès accompli est qu'à la
phrase guindée a succédé la phrase pimpante.
Choisisse qui voudra.

On nous propose de temps en temps de nous
transformer ; on nous trouve un peu trop littéraires, trop préoccupés de bon goût, de bien parler et de bien écrire ; on dit de l'esprit français ce
que Bacon disait de l'esprit humain : « Il ne faut
pas lui mettre des plumes, mais du plomb. » On
nous propose donc, comme remède à nos défauts,
le régime exclusif de l'érudition et de la philologie.
Je vous prie, Monsieur le Ministre, de témoigner
près des personnes du dehors qui pourraient ne
pas en être aussi bien informées, que les études
historiques ici sont très sérieuses. Les noms des
maîtres de conférences en répondent assez. L'E-
cole normale n'est pas l'Ecole des Chartes ; elle
n'a pas non plus le loisir de se livrer à l'épigraphie, de préparer des mémoires pour l'Académie
des inscriptions, mais elle n'étudie pas dans les
manuels ; elle sait ce que c'est que les sources,
mais elle en parle peu parce qu'elle est habituée

à ne pas étudier autrement. Plus tard, quand nos élèves seront agrégés, ils se plairont à creuser un sujet qu'ils auront choisi ; en attendant, ils reçoivent une précieuse préparation : ils se forment à la méthode, à l'esprit, à la critique historique, par les leçons qu'ils entendent à l'Ecole ou qu'ils vont chercher au dehors, et par les travaux auxquels ils se livrent dans la seconde année ou en vue de l'agrégation, qui n'est pas un jeu.

Ce n'est pas ici qu'il peut être défendu de dire tout ce qu'on pense de bien de la philologie. Elle forme une spécialité au moins égale aux autres, qui demande des aptitudes particulières. Les élèves de la section des lettres seront des professeurs très incomplets et des savants très douteux, s'ils ne sont d'abord de bons grammairiens. L'histoire et la philosophie ont aussi besoin d'interpréter exactement les textes, sous peine d'appuyer leurs inductions sur des contre-sens. Nous avons vivement recommandé cette étude à nos élèves. Ceux de première année se sont remis courageusement à la grammaire grecque : on a bien voulu s'en apercevoir à la Licence. Ni eux, ni les élèves de seconde et de troisième année n'avaient à être stimulés pour recourir aux éditions savantes. Vous avez autorisé, vous avez inauguré le cours de M. Thurot sur la critique des textes et l'autorité des manuscrits ; M. Aubertin va consacrer plusieurs conférences aux origines de la langue française ; les élèves de seconde et de troisième année ont été conduits à la Bibliothèque nationale, où notre confrère, M. Delisle, a bien accueilli ces visiteurs nouveaux ; ils ont vu, ils ont touché des manuscrits grecs, latins, français : ce sera désormais un de nos pèlerinages. L'Ecole a fourni, et nous n'empêchons pas, on le voit, qu'elle fournisse encore des philologues. C'est une erreur peut-être ; en tout cas, c'est aussi l'erreur de M. Thurot ; mais il me semble que nos philologues ont beaucoup à gagner à ne l'être pas exclusivement. S'il ne s'agit que de collationner des manuscrits, de recueillir des variantes, c'est une affaire d'yeux et de santé ; mais s'il s'agit aussi de comparer les diverses leçons, de juger l'authenticité des textes, et souvent des textes des plus grands maîtres, est-il possible de se passer de goût, et le goût n'a-t-il pas toute une éducation délicate qui demande d'autres moyens ? C'est faire tort à la philologie que de la traiter en ouvrage de manœuvre ; c'est aussi un ouvrage d'artiste, et nous l'entendons ainsi dans notre pays. Quand on a restitué la Vénus de Milo, un ouvrier pouvait dire si les surfaces des divers morceaux se correspondaient, si dans une position ou une autre l'équilibre était conservé ; mais le

moindre changement change l'attitude, l'air de la
statue ; et qui osera penser que, pour juger de ces
choses, c'était trop de M. Ravaisson ? Aussi, notre
cher confrère, M. Charles Blanc, ne s'est contenté
ni de la *Grammaire des arts du dessin,* ni de
l'*Histoire des peintres* : il a donné les deux au
public, et le public a été de son avis.

La nature a créé toute une classe d'intelligences
qui enfoncent dans les sujets par leur poids. L'é-
ducation peut se reposer du soin de ceux-là sur la
nature, et travailler les autres à sa façon, l'éducation française à la façon française, qui n'est point
méprisable. Le père de Pascal a élevé son fils dans
cette maxime, de se tenir constamment au-dessus
de son ouvrage, et il n'a pas mal réussi. Ce qui
revient à dire, si vous me permettez ces expressions familières, que l'esprit ne gâte jamais rien,
et l'esprit est le don de pénétrer les choses sans
s'y empêtrer. Vous avez certainement pensé qu'il
y a en ce moment des préventions excessives en
faveur de l'érudition et de la philologie, et vous
n'êtes pas prêt à leur abandonner l'Ecole normale
ni l'enseignement public. Le jour où notre pays y
serait absorbé, on s'apercevrait qu'il manque dans
le monde un peuple dont la vive raison, toujours
en éveil, critique et met à leur juste valeur les
idées politiques, morales, littéraires, religieuses,

philosophiques, sur lesquelles vit la société, qui a à son service une langue d'une clarté admirable, capable de prendre tous les tons, suivant l'esprit qui s'en sert, un peuple qui a produit Rabelais, Montaigne, Pascal, Descartes, Voltaire et Montesquieu.

Monsieur le Ministre, l'empressement que nous mettons à nous retrouver et le plaisir que nous avons à vous recevoir pourraient, ce semble, rassurer ceux qui étaient, dans un premier moment de trouble, disposés à craindre pour les études classiques. On aime ces études ici ; nous comprenons, d'ailleurs, que si elles disparaissaient de l'enseignement, on n'aurait plus besoin de nous : or, nous tenons à exister, parce que nous croyons être utiles, parce qu'on pourrait nous dire à tous, professeurs actuels et futurs, ce que M. le Préfet de la Seine disait ailleurs si heureusement : « Vous faites des sommets. » Il n'y a rien à craindre : les humanités ne sont pas en question ; elles tiennent au fond de notre génie national, amoureux du bien dire ; mais il y a différentes manières de les aimer et de les faire aimer. Le respect qui les couvre ne saurait raisonnablement s'étendre à tous les procédés pédagogiques qui les accompagnent à un moment. Le temps apporte les uns il emporte les autres : l'Université le suit.

Les élèves de cette Ecole n'auront, Dieu merci, à renoncer ni pour eux, ni pour leurs élèves à la haute culture qui leur plaît ; ils enseigneront les mêmes choses par d'autres moyens, avec plus de mouvement et de liberté ; ils continueront de répandre le goût raisonné des trois antiquités, et il leur sera permis de donner à notre langue une part qui était jusqu'ici trop petite. L'épreuve apaisera, nous en sommes assurés, les inquiétudes des amis craintifs (il n'y a pas de mal à l'être) des études classiques. Nous ne parlons pas de ceux qui ont grossi démesurément cette question par une habitude d'amplification apportée de leurs classes, ni de ceux qui, toujours enchantés d'eux-mêmes, trouvent que le plus beau système d'éducation est le système d'éducation qui les a produits.

Nous avons accueilli avec un grand contentement l'institution des bourses de voyage, comme un désirable supplément à l'Ecole française d'Athènes. L'éducation libérale de notre Ecole excite dans les esprits une vive ardeur d'apprendre ; ils sont heureux qu'on leur ouvre le monde. Ils vont donc voyager, ils vont se mettre en route dans toutes les directions, pour visiter les vivants et les morts. Ulysse en fit autant. Deux agrégés d'histoire de cette année et de l'année dernière,

MM. Bayet et Denis, vont l'un à Rome, l'autre à Prague. Vous permettez à ces jeunes gens de suivre leur instinct et de chercher leur voie. Vous avez confié aussi une mission scientifique à M. Lippmann, que vous désignaient sa connaissance des langues vivantes, sa curiosité et sa précoce érudition.

Nous vous remercions de vous intéresser à nos agrégés-préparateurs. Quelques-uns de nos élèves, passionnés pour la recherche scientifique, désirent rester à travailler auprès de leurs anciens maîtres, et nous, nous sommes heureux d'accueillir des jeunes gens qui se contentent de la situation la plus modeste pour satisfaire ce goût. Quelque part qu'ils soient placés, quand ils nous quitteront, on peut être sûr qu'ils continueront de travailler, que c'est pour la vie. Ils conserveront cette ardeur dans la pratique de l'enseignement des lycées, et ils sont une recrue de l'enseignement supérieur et de la science. MM. Maillard et Cornu ont obtenu, cette année, le grade de docteur : le premier par une thèse de mathématiques, le second par une thèse de botanique. D'autres thèses sont prêtes, et, en dehors des thèses, il se fait des travaux, il se fait des noms que l'Ecole revendiquera. Ne craignez rien, Monsieur le Ministre, nous travaillons avant tout pour l'ensei-

gnement des lycées ; mais il ne peut pas vous déplaire qu'on ait besoin de nous pour d'autres
objets, que nous donnions M. Perrier au Muséum
d'histoire naturelle, M. Tisserand et M. Baillaud
à l'Observatoire de Paris, M. Stéphan à la direction de l'Observatoire de Marseille, et que
notre Ecole fournisse aux grands services scientifiques.

Les langues vivantes, dont vous recommandez
instamment l'étude dans les lycées, ne sauraient
être oubliées ici. L'obligation d'étudier l'anglais et
l'allemand était tombée en désuétude ; elle sera rétablie. Nos jeunes gens eux-mêmes la réclament,
tant ils en sentent l'utilité ; nous avons seulement
changé le caractère de cet enseignement : il va
devenir pratique. Nous exigeons que chaque élève
connaisse de ces langues ce qu'il lui faut pour sa
spécialité, qu'il déchiffre, qu'il lise couramment les
livres, les publications qui intéressent les études
de sciences ou de lettres auxquelles il s'est voué.
Nous l'avons pourvu d'un outil : l'obligation finit
là. Nous réservons un cours pour ceux qui voudront pousser plus loin, et s'il leur reste du loisir
et qu'ils aient plus d'ambition, nous nous met-
trons à leur service. Nous serions charmés qu'un
littérateur ne sortît pas de l'Ecole sans avoir lu
Dante ; nos jeunes savants aussi devraient pouvoir

lire ce qui s'écrit en Italie : cette vieille terre, qui a tant produit, n'est pas encore épuisée.

Nous ne voudrions pas avoir l'air de nous proposer comme modèles; mais vraiment, plus on observe le régime d'études suivi à l'Ecole, plus il paraît bien entendu. On a trouvé ici une organisation du travail, où la première condition est de travailler : l'un prépare une partie d'examen, l'autre une autre, et peu à peu l'examen se trouve tout préparé ; le maître de conférences apprécie, corrige, et se réserve certaines questions où il apporte à ses élèves et les résultats et les études qui les ont amenés ; il travaille devant eux. C'est la méthode qu'un grand nombre de professeurs de Facultés pratiquent dans ce qu'ils appellent la petite leçon. Il y a peut-être là, dans ces conférences, où un maître, entouré de quelques jeunes gens désireux d'apprendre, s'adresse à eux familièrement, où chacun contribue par des préparations particulières, où les observations s'échangent, où l'on cherche ensemble, il y a peut-être là une forme dont tout enseignement devra se rapprocher.

La bibliothèque de l'Ecole s'est beaucoup enrichie. Elle est en bonnes mains. Notre bibliothécaire, M. de Chantepie, a la passion des livres, j'entends des livres qu'on lit, car nous ne sommes pas assez riches pour nous permettre les autres; il est toujours prêt à donner à nos élèves les indications utiles pour leurs études, et le long séjour qu'il vient de faire à Zurich, où il s'est familiarisé avec la langue et les instruments de travail de l'Allemagne, nous rendra son concours encore plus précieux.

Je ne dois pas oublier une nouvelle instruction, que les anciens règlements n'avaient pas prévue, l'instruction militaire. Nous avons reçu les fusils que, sur votre demande, M. le Ministre de la guerre a bien voulu nous envoyer. Nos élèves s'y mettront sérieusement : pour les uns ce sera un apprentissage, pour d'autres un souvenir d'exercices plus sérieux qu'ils ont faits ailleurs. Je vous ai transmis, il y a quelques mois, pendant la discussion législative, la pétition de l'Ecole, qui demandait à ne pas être exemptée du service militaire ; vous avez loué le sentiment qui l'inspirait, mais vous n'avez pas pu la soutenir, parce que vous avez besoin de l'Ecole pour d'autres services, qu'elle seule peut bien faire, et qui sont aussi nécessaires à notre pays.

Vous êtes, en même temps que Ministre de l'instruction publique, Ministre des Beaux-Arts ; vous me permettrez donc de vous dire un mot de ce qu'ils deviennent à l'Ecole. Vous nous avez donné la magnifique collection de la chalcographie du Louvre, dont notre excellent professeur de dessin, M. Leloir, fait les honneurs avec tant de joie. M. le directeur de la Comédie Française a gracieusement dispensé nos élèves de l'attente à son théâtre, qu'ils recherchent beaucoup. Chaque dimanche, nous sommes les invités et les assistants assidus des *Matinées littéraires* de M. Ballande. Nous sommes charmés de trouver au dehors de tels plaisirs et reconnaissants à ceux qui nous les offrent. A l'intérieur, un cours de musique vocale a été introduit, cette année, par M. Amand Chevé; il a été suivi jusqu'au bout avec une grande ardeur par le tiers de nos élèves pendant deux récréations du soir. M. Amand Chevé, charmé de leurs progrès, ajoute à ce cours un plus savant, et compte créer, l'an prochain, pour les élèves qui auront suivi les deux, un cours supérieur où l'on apprendra l'harmonie; on verra ce qu'il obtiendra d'élèves si bien préparés par ces études et par toutes les études que l'on fait ici. J'ai déjà transmis à M. Amand Chevé vos remerciements pour les soins habiles et désintéressés qu'il a pris pour nous; voulez-vous me permettre de les lui renouveler publiquement? Nous vous prions de nous en croire sur les progrès accomplis : nous ne les avons constatés qu'entre nous. Quand il s'est agi d'un concert au profit des pauvres visités par nos élèves, nous n'avons pas osé nous produire; nous ne nous contentons pas d'avoir des mérites, nous sommes encore modestes, et, n'ayant pas de jalousie d'artistes, nous avons fait appel au talent étranger, qui a immédiatement répondu à notre appel de la façon la plus gracieuse et nous a formellement promis de nous être fidèle l'an prochain. Mais pourquoi l'appeler étranger, lorsque nous l'avons rencontré autour de nous, dans la famille universitaire, avec les dons qui le font bien venir?

Puisque nous sommes à confesser nos dettes (je ne dis pas à les acquitter), nous rappellerons que notre confrère, M. Levasseur, a bien voulu faire pendant cinq ans, à l'École, un cours d'économie politique. Nous n'oublierons ni les leçons ni le professeur.

Notre personnel a subi quelques changements. M. Lemoine, nommé inspecteur de l'Académie de Paris, nous quitte à notre grand regret, au sien aussi, j'ose le dire : on ne se sépare pas volontiers d'un enseignement de dix années, si consciencieux et si distingué. M. Lemoine sera, du moins, content de voir son enseignement remis à M. Fouillée, qui le continuera. M. Fouillée était le seul qui sût qu'il n'était pas de l'Ecole Normale ; depuis longtemps nous l'avions adopté ; il en est maintenant. M. Ossian-Bonnet, appelé à la direction des études de l'Ecole Polytechnique, sera suppléé par M. Darboux. Il ne pouvait plus nous donner tout le temps qu'il aurait voulu ; l'administration risque d'enlever à notre enseignement scientifique un rare professeur, que M. Darboux veut et peut nous rendre. Il n'y a eu qu'une voix pour nous le désigner. Le choix de M. Fouillée et de M. Darboux témoigne suffisamment de l'estime que vous avez pour les fonctions de maître de conférences à l'Ecole Normale. Elles ne sont pas faciles : il faut posséder bien sûrement ce qu'on prétend enseigner à des jeunes gens intelligents, instruits, d'esprit et d'humeur critique, devant qui une science superficielle ne tiendrait pas longtemps. Un de nos élèves sortants, M. Caron, qui a une vocation pour l'enseignement du dessin graphique, et que nous avons déjà essayé à l'École, remplacera le zélé et habile professeur, M. Kiœss, qui, forcé par la fatigue de se séparer de nous, n'a goûté que quelques mois d'un repos pris trop tard.

Nous avons perdu deux de nos élèves bien regrettés parmi nous et bien regrettables pour l'Université. Génin, élève de seconde année, enfermé dans Verdun pendant le siège de cette ville, avait bravement fait son devoir sur les remparts et avait contracté dans ce service une bronchite promptement dégénérée en affection de poitrine. Un peu après la rentrée, nous avons dû songer à l'envoyer dans un autre climat ; vous avez bien voulu nous accorder, avec son congé, une indemnité, et grâce à la sollicitude d'un ancien élève de l'Ecole, M. le recteur Vieille, il avait trouvé à Cannes, avec quelque occupation, un asile au soleil et des soins dévoués dans l'institution Stanislas ; mais rien n'a pu le sauver : il a eu seulement la force de revenir mourir dans sa famille. C'était un esprit solide, une âme droite et courageuse, comme il nous en faut plus que jamais ; il est chez nous, après Lemoine, tué à Champigny, la seconde victime de la guerre. Grimaldi, à l'Ecole depuis quatre ans, n'a pu y rester qu'en prenant chaque année des congés qu'il passait à Nîmes, dans sa famille ; cette année, il avait dû nous quitter au bout de quelques mois ; il s'y est éteint le 6 octobre. Mathématicien très distingué, musicien d'un art et d'un sentiment très délicats, caractère charmant, sa perte est vivement sentie de ses camarades et de ses maîtres. Il ne se voyait pas dans l'état où il était : tourmenté de l'idée de l'agrégation, il voulait partir pour Paris, et nous avons eu à le détourner de ce voyage. Vous lui aviez accordé une indemnité pendant son congé ; en attendant qu'il fût rétabli et en mesure de professer, il avait reçu de tous l'assurance qu'il ne serait point abandonné par l'Université. Cette confiance a beaucoup contribué à la tranquillité de ses derniers jours.

Je ne vous entretiens que de nos travaux, Monsieur le Ministre : c'est que je n'ai pas à vous entretenir d'autre chose : ils sont toute notre histoire. Au commencement de l'année, nous avions prié l'Ecole de ne faire parler d'elle qu'aux examens, c'est ce qu'elle a fait. Nous avons donc marché paisiblement ; la raison des élèves, votre bonté pour l'Ecole, la bienveillance que nous avons rencontrée autour de vous, nous ont rendu tout facile. Nous devons aussi vous remercier, M. Bertin et moi, et je joins les élèves à nous, de nous avoir laissé notre surveillant général, M. Gusse. Vous venez de le nommer officier d'Académie, pour témoigner que vous avez les yeux sur lui.

Le bon ordre ne suffit pas : l'âme de l'Ecole doit être l'amour de notre profession. Je savais, en y entrant, qu'il y avait quelques inquiétudes dans le monde sur la vocation universitaire de ses élèves : de brillantes recrues qu'elle avait fournies à d'autres carrières inquiétaient ceux qui craignent pour son existence, si elle ne répondait pas à sa destination. J'ai dû m'en préoccuper. La première recommandation que j'ai faite aux élèves a été d'estimer et d'aimer leur état. Il ne m'aurait pas convenu de leur parler mal de la grande presse ; mais je les priais de se tenir loin du petit journalisme, et j'entendais par là, non pas les journaux dont le format est petit, mais les journaux qui rapetissent ceux qui les lisent. J'ai eu le bonheur de me rencontrer avec leur disposition présente. Les normaliens actuels ne sont pas insensibles à la réputation des leurs qui ont quitté l'Université pour les lettres ou la presse, quand ils sont restés fidèles à notre esprit ; mais ils semblent penser que la carrière de professeur est estimable, qu'elle peut donner, sinon la fortune, du moins de la dignité et de l'indépendance, ce qu'on en mérite par sa tenue, ses services et ses travaux. Votre circulaire du 27 septembre fait beaucoup pour cette dignité et cette indépendance des professeurs des lycées. La fixité du traitement par catégories et par classes ôtera ce qu'il y avait d'aléatoire dans leur modeste budget : ils ne seront plus punis d'une épidémie qui aura dépeuplé le lycée, ou de leur propre zèle qui, en multipliant les élèves, aura aussi multiplié les professeurs appelés à partager avec eux. Ils seront aussi moins errants, et il leur sera permis d'acquérir sur lieu la considération, qui demande toujours du temps pour se donner.

L'École avait déjà à vous remercier d'une mesuré dont elle a été l'objet l'année dernière. Plusieurs des élèves sortants étaient restés sans place, par suite de l'encombrement produit par la venue de nos collègues d'Alsace et de Lorraine : vous avez pensé que, s'ils s'étaient engagés envers l'Université, l'Université s'était aussi engagée envers eux, et vous leur avez alloué un traitement d'inactivité. Ce traitement avait de plus]l'avantage d'assurer leurs droits à la retraite. A l'âge de nos jeunes gens, on ne songe pas que l'âge de la retraite puisse jamais arriver ; il arrive pourtant, et quand, épuisé de fatigue, on ne sait plus si on pourra atteindre le moment où le repos est permis, une ou deux années de service qui comptent sont bien précieuses: Mais ces difficultés sont passées, et une meilleure année commence. Tous nos élèves anciens ou nouveaux ont été placés ; ils l'ont été avec un soin paternel, dont nous sommes vivement touchés. Laissez-nous vous remercier particulièrement pour un de nos excellents élèves, qui sort cette année : M. Tartinville. Sa famille, une famille d'instituteurs, qui, entre quatre personnes, compte cent quarante-deux ans de service dans l'instruction primaire et dans les mêmes lieux, avait sollicité de vous une bourse pour un jeune fils : vous avez accordé la bourse entière et dans le lycée même où son frère est appelé, afin que l'aîné le dirige et le prépare pour nous et pour vous. C'est la bonne démocratie.

L'Université, une fois assurée de nous, nous pardonnera notre attachement particulier pour notre École. Je vois avec grand plaisir croître chez elle un sentiment qui a déjà créé notre *Association de secours,* le sentiment de sa nationalité. Vous l'avez déjà remarqué en signant l'admission des élèves de la promotion de cette année ; vous avez reconnu plusieurs noms de l'ancienne École : M. Girard, chef de la section des lettres, fils d'un ancien chef de section, le proviseur du lycée Descartes ; MM. Pessonneaux, Martha, Grégoire, Monin, Duruy, le second, à l'École, des fils du Ministre votre prédécesseur, que vous aimez à citer pour les services rendus à l'instruction populaire. Vous venez de signer le diplôme d'un licencié ès-lettres, fils d'un ancien normalien, professeur au collège Rollin et petit-neveu de notre ancien maître, M. Rinn. Un fils de notre ancien camarade, M. Macé, sort agrégé de mathématiques, et un autre fils le remplace aussitôt. Ainsi nous faisons des dynasties.

Vous observez ce mouvement avec plaisir. Votre volonté est que l'École Normale ne soit pas un lieu de passage, où l'on est ensuite étranger, mais que ce soit la maison de famille. Vous entendez que nous suivions dans leur carrière les élèves qui nous quittent ; que nous soyons toujours prêts à les instruire de notre expérience dans les diverses circonstances où ils peuvent se trouver, au besoin à les défendre, à les stimuler au travail, à les pousser à l'agrégation s'ils ne l'ont pas encore obtenue, au doctorat qui est le commencement des travaux originaux et de la vraie vie de science ; enfin, à vous représenter leurs mérites. Quant aux anciens normaliens émancipés par leurs services et leurs talents, vous désirez que leurs noms soient toujours présents à l'École, et que, si quelqu'un d'eux rentre ici, il sache bien qu'il entre chez lui.

Du reste le sentiment de nationalité dont il est question est chez nous sans danger. Nous n'empruntons pas à la société son intolérance politique et religieuse. Ici règne la parfaite liberté des esprits. Chacun respecte les opinions des autres, et l'amitié est fondée sur la communauté de goûts élevés et délicats. Le respect des opinions d'autrui est naturel chez des jeunes gens qui ont vécu de la vie intérieure, où les diverses croyances se forment par un travail indépendant. Les partis prennent ces opinions du dehors toutes faites, et les gardent comme une consigne ; nous les mettons plus haut.

Nous estimons d'autres mérites que les nôtres et ne regardons pas tous ceux qui nous sont étrangers comme des barbares ; nous ne pensons pas que chez eux les lettres soient sans invention ni goût, et que leurs mathématiques soient fausses. Sans doute, nous aimons assez que ce soit quelqu'un des nôtres qui ait fait quelque bel ouvrage ; mais nous sommes tellement passionnés pour la grande littérature et la grande science, que cette passion éteint la jalousie. Nous n'avons pas de fanatisme de clocher : rien ne nous fera préférer un normalien médiocre à un étranger distingué. Il nous plairait beaucoup que l'auteur des études sur Bacon et sur saint Anselme, fût un des nôtres; M. de Rémusat peut pourtant être assuré que nulle part il n'est lu avec un intérêt plus vif, auquel se joint le respect pour la personne, car il est de ceux dont la vie ne craint pas les écrits. Ce n'est pas vous, Monsieur le Ministre, qui me reprocherez de parler avec émotion d'un homme dont l'exemple et l'affection m'ont soutenu dans des temps difficiles. Revenu aux affaires après un long repos employé à défendre le vrai libéralisme, il aura servi à rendre deux fois la France à elle-même. Cet honneur lui était dû.

A mesure que nous prenons davantage conscience de nous-mêmes, nous sommes moins touchés des bruits extérieurs, quand on veut bien
s'occuper de nous, mais qu'on a manqué d'infor-
mations suffisantes. Nous avons appris bien des
choses cette année. Nous avons appris que nous
sommes une institution funeste, et qu'en nous sup-
primant on réaliserait une heureuse économie
sur le budget ; nous avons appris (nous ne nous
en doutions pas) que nous sommes une école
d'athéisme ; nous avons même appris, un jour,
par des journaux sérieux, que nous étions en
pleine insurrection. Nous nous sommes permis
de rire de toutes ces nouvelles. Ainsi se forme
chez nous une vertu utile à tout le monde, indispensable aux Ministres, d'être insensibles aux ac-
cusations mal fondées. En revanche, l'École a été
très sensible au témoignage que lui a rendu M. le
comte d'Haussonville, dans la séance de l'Académie Française, où il a parlé si bien de notre regretté Prevost-Paradol. Nous ne cherchons pas le
bruit ; mais nous sommes touchés de la louange,
quand elle est donnée en si bon lieu et avec cette
autorité.

Vous le savez, Monsieur le Ministre, l'Ecole
normale a les idées du temps et de la société où
elle vit, les sentiments qu'un des siens, M. Manuel,

a si bien exprimés ; elle a l'esprit de l'Université, qui ne prétend rien pour elle-même et ne travaille que pour le pays. Sans doute elle ne songe pas à flatter les faiblesses qu'elle y rencontre : elle pense qu'il faut donner à la jeunesse le goût du sérieux, du savoir, du travail, de la moralité ; mais elle pense aussi qu'il faut disputer à tous les fanatismes cette aimable France, si sociable, renommée par tout le monde comme une nation où il faisait bon de vivre, pour sa raison ouverte et indulgente et la douceur de ses mœurs.

Vous voyez, Monsieur le Ministre, que nous ne redoutons pas, cette année, votre venue parmi nous : nous espérons que vous avez aussi plaisir à y venir. On demande souvent comment va l'Ecole. comme on demande comment va la jeunesse. Je suis touché quand on m'interroge, car j'entends ce qu'on veut savoir, j'entends pourquoi mon vénéré prédécesseur, M. Dubois, cloué dans son fauteuil et dans son lit par la maladie, oubliant tous ses maux, me presse de questions sur sa chère Ecole : il veut savoir s'il peut espérer. On s'inquiète de nous parce qu'on sent que ce qui se passe chez nous, bon ou mauvais, n'est pas indifférent. M. Legouvé veut venir nous parler : qu'il vienne, il trouvera une épave du naufrage.

Monsieur le Ministre, Monsieur le Président de

la République s'intéresse à nous ; il aime à appeler
nos jeunes gens distingués et à s'informer de ce
qu'ils font. Nous vous prions et nous prions ses
anciens et fidèles amis, MM. Mignet et Barthélemy
Saint-Hilaire, de lui dire que nous travaillons à
son exemple, que nous sommes animés par le sentiment qui le soutient dans de si grandes fatigues.
Il peut être tranquille : il y a ici un coin de la
France qui va bien.

SÉANCE DU 29 JUIN 1878

Monsieur le Ministre,

Nous vous sommes très reconnaissants de l'honneur que vous nous faites, en venant nous visiter. Nous n'avions pas été réunis ainsi depuis six ans, depuis le jour où M. Jules Simon, votre ami et le nôtre, a bien voulu venir parmi nous et nous donner le plaisir de l'entendre. Nous tenons à ces visites qui nous obligent à nous rendre compte de nous-mêmes, et, dans l'intervalle, à faire ce qu'il faut pour n'avoir pas à craindre de l'exposer.

Il manque malheureusement à cette réunion notre digne économe, M. Gaildraud, que la mort vient de nous enlever. C'était un parfait honnête homme d'une conscience délicate, qui se créait des scrupules infinis. L'Université a perdu en lui un de ses meilleurs serviteurs. Vous avez tenu à ce qu'il fût bien remplacé.

Je suis heureux de dire que, pendant les années
d'épreuve que le pays vient de traverser, l'Ecole a
pu se troubler et s'inquiéter, mais qu'elle n'a pas
été atteinte. Les Ministres qui se sont succédé ne
la connaissaient pas tous également ; mais, infor-
més par le bruit public et par l'opinion qu'ils trouvaient autour d'eux, ils ont promptement reconnu
ce qu'il y a dans cette jeunesse de profonde honnêteté, de travail et de talent, et ont pris pour elle
les sentiments qu'elle mérite. Vous me permettrez
de les en remercier, de ne pas insister non plus,
de peur de rappeler le joli mot de ce maire, dans
un roman de notre spirituel normalien, M. About :
« M. le Préfet, qui m'a toujours conservé la même
» bienveillance, quoiqu'on l'ait changé plusieurs
» fois depuis 1847. »

Notre maison a été augmentée et embellie. Il lui
manquait une aile ; elle est complète aujourd'hui.
Nous avons trouvé dans cette nouvelle construc-
tion un appartement pour notre surveillant général et une belle installation de la bibliothèque des
sciences, que la bibliothèque des lettres a dépossé-
dée pour s'agrandir. La salle des actes, où nous
sommes, a été rendue plus digne de vous recevoir.
Jadis toute nue, elle est devenue ce que vous la
voyez, par la générosité du Ministère des Beaux-
Arts, que nous n'avons pas encore épuisée. Avec

le portrait de Victor Cousin, qui a dirigé et illustré l'École, on nous a donné les plus belles estampes de la Société française de gravure, et les plaques de marbre qui portent les noms des membres de l'Institut sortis de l'École. Ces inscriptions tenteront, il faut l'espérer, les jeunes gens qui les lisent. On nous a donné aussi la collection des bas-reliefs qui décorent nos corridors. C'est un plaisir de les admirer, et il est impossible de passer devant sans qu'il flotte dans l'esprit quelque forme exquise. Quelques-uns de nos élèves vont chaque année à Athènes; ils retrouveront là la lumière qui enveloppait ces beaux corps, et le sol qui était fier de les produire.

Ceux qui y sont maintenant ont tenu à ne pas se laisser oublier : associés, là comme en tout, à leur directeur, M. A. Dumont, ils nous envoient le moulage de l'inscription d'Olympie, à laquelle leurs noms seront attachés[1]. Il nous vient des souvenirs de plus loin encore : ces magnifiques vases de bronze sont un don de deux de nos élèves sortis de la section des sciences[2], que le gouvernement français a autorisés à servir pendant quelques années le gouvernement japonais, et qui

[1] MM. Homolle, Girard, Martha, Haussoullier, Beaudouin, Pottier.

[2] MM. Mangeot et Berson.

enseignent à l'Université de Yeddo. Ils ont fait à leur ancien directeur un présent, qui restera à l'Ecole.

Vous avez obtenu des Chambres, cette année, une augmentation du budget des laboratoires de physique et de chimie, et de la bibliothèque; cette augmentation était justifiée et nous profitera. En attendant, nous avons fait de grands efforts pour que ces services ne souffrissent pas. La bibliothèque des sciences est riche de publications de mathématiques et de physique. La bibliothèque des lettres s'est considérablement accrue par des dons et des achats. Le Ministère de l'Instruction publique ne manque jamais de nous attribuer les souscriptions qui peuvent nous être utiles; nous avons ainsi, depuis 1872, la collection de la Chalcographie; d'autres Ministères nous donnent les ouvrages auxquels ils ont souscrit ou qu'ils ont publiés, et qui rentrent dans nos études; l'Imprimerie nationale ne nous oublie pas dans la distribution des beaux volumes qu'elle imprime; les gouvernements étrangers veulent bien faire attention à nous. La Belgique vient de nous donner près de 140 volumes des publications de la *Société royale d'histoire*, et nous devons à la générosité anglaise plus de 360 volumes des publications faites par le *Public records office*. Parmi les présents qui nous ont été faits, il en est que nous ne devons pas oublier de mentionner. Madame Dubois, la veuve de l'ancien directeur de l'Ecole, assurée d'être fidèle à la pensée de son mari, nous a permis de puiser dans sa bibliothèque tout ce qui pouvait être à notre convenance. M. Henri Boissonade, agrégé de la Faculté de Droit, avant de partir pour le Japon, où il remplit une mission si honorable pour lui et pour la France, cherchant un lieu convenable où il pût déposer en sûreté les manuscrits de son illustre père, a choisi notre bibliothèque, et nous a donné 30 volumes, comprenant les notes des cours qui avaient réuni un public d'élite autour de la chaire de grec du Collège de France, et quelques éditions toutes prêtes auxquelles il n'y a plus qu'à mettre la dernière main pour répondre au goût actuel des lecteurs. Nous avons reçu ce don avec une juste reconnaissance, et nous sommes fiers que notre jeune école soit la gardienne de traditions qui ont laissé une si forte trace dans l'histoire de la philologie française. Comme la bibliothèque est en veine de bonheur, elle a même reçu d'un anonyme une restitution de 50 francs, pour réparation de dommages causés. Nous remercions notre anonyme de cet envoi, et surtout du sentiment qui l'a inspiré.

Outre le budget spécial de la bibliothèque, qui

ne suffit guère qu'aux souscriptions des ouvrages
périodiques, il m'a été permis, chaque année, d'af-
fecter à l'achat.de livres les reliquats du budget
de l'Ecole. Ainsi, grâce aux libéralités qui nous
ont été faites et à nos dépenses personnelles, nous
avons pu rendre notre bibliothèque de plus en plus
digne .de l'établissement auquel elle appartient. Il
nous manquait un certain nombre d'éditions critiques des auteurs grecs et latins : aujourd'hui
nous sommes au complet ; notre ancienne littérature française laissait beaucoup à désirer : peu à
peu les vides se comblent ; quant à l'histoire, on
n'est jamais complet, mais nous n'étions pas entièrement dépourvus, et chaque nouveau programme d'agrégation nous est l'occasion de nous
fortifier sur quelque point. Bref, dans l'état où
nous sommes, nos élèves ont entre les mains, pour
tous leurs travaux, d'excellents instruments. Ils
trouvent aussi un secours continuel dans notre bibliothécaire. M. de Chantepie est passionné pour
sa fonction, avec une singulière compétence ; il
est pourtant à craindre que, dans un certain
monde, il ne soit suspect, car il ne se contente pas
d'aimer les livres, il sait ce qu'il y a dedans ; c'est
un faux bibliophile.

Un instrument de travail dont la nécessité est
maintenant très reconnue, ce sont les langues vi-

vantes. Sous ce rapport, l'Ecole est certainement
en progrès. A côté de la langue anglaise, que plusieurs de nos élèves parlent couramment, il a été
fait un sérieux effort et presque universel pour apprendre l'allemand, qui offre des difficultés particulières; les examens ont constaté, depuis plusieurs années, cet effort et les résultats acquis, et
nous pouvons envisager le moment où tout élève
des lettres ou des sciences qui sortira de l'École,
sera capable de lire les ouvrages allemands et anglais qui se rapportent à sa spécialité, car nous
sommes pratiques et ne visons qu'à cela pour l'ensemble des élèves, certain qu'il y en aura toujours
qui iront plus loin. Un moment, plusieurs élèves
des lettres se sont réunis pour apprendre l'italien;
nous n'avons pu que voir avec grand plaisir et
encourager une étude qui leur permettait de connaître une admirable littérature, une des quatre
littératures classiques.

Comme on voit que nous nous intéressons à
toutes les choses de l'esprit, aussi on s'intéresse à
nous. Les grands établissements industriels nous
accueillent; l'Association scientifique de France
nous a invités à ses soirées ; M. Guillaume nous a
ouvert l'Ecole des Beaux-Arts; M. Heuzey nous
conduit dans les galeries du Louvre en nous expliquant les monuments: M. Léopold Delisle nous fai

connaître ses plus rares manuscrits, et M. de La-
borde les plus curieuses estampes de la Bibliothèque nationale ; M. Alfred Maury a bien voulu
parcourir avec nous ses archives ; M. Alexandre
Bertrand nous a conduits dans le château de
Saint-Germain à travers les antiquités qui lui sont
familières ; M. Ballande invite, chaque dimanche,
un certain nombre d'entre nous à ses matinées
littéraires ; M. Perrin nous facilite l'entrée de la
Comédie française, où l'on se précipite les soirs de
liberté. Toutes ces apparentes distractions, d'ailleurs très sobrement ménagées, nous sont très
utiles : ou bien elles nous indiquent en quel lieu et
près de quels hommes nous trouverons des secours
pour nos futurs travaux, ou elles nous font voir
sous d'autres aspects, et par conséquent saisir
d'une façon plus précise, les mêmes choses qui
nous occupent ici.

Pouvons-nous oublier que M. Legouvé a fait
chez nous, pour nous, ses conférences sur l'art de
la lecture, dont le public a été jaloux, et qui,
réunies en un volume dédié à ses jeunes auditeurs,
ont obtenu un succès universel. Nous sommes si
satisfaits, lui de nous, nous de lui, que nous con-
tinuons.

Vous désirez, Monsieur le Ministre, que je vous
rende compte de notre régime intérieur, de notre

discipline et de nos études. Je crains d'avoir l'air optimiste ; il faut pourtant être vrai : l'Ecole travaille, elle travaille bien et elle a un excellent esprit.

Notre discipline est facile à connaître : elle n'est point tracassière ; nous ne demandons que ce qui est nécessaire à l'ordre de la maison. Je suis heureux de rendre justice devant vous à M. Gusse, agrégé, notre surveillant général, qui rend tout facile par sa vigilance, son tact et sa bonté pour nos élèves. Vous ne m'invitez pas à traiter devant vous la redoutable question de l'internat et de l'externat. Ce qui est certain, c'est que, dans ce gouvernement-ci, la persévérance des sujets et la bonhomie des gouvernants ont fini par faire un internat mitigé, qui ne diffère guère de l'externat qu'en ce qu'il rend la liberté plus sensible. Pourtant, malgré ces vertus, si la question était soumise aux intéressés, je suis assuré que l'internat serait battu au scrutin public : on n'a pas achevé ses classes sans avoir fait, en français et en latin, d'éloquentes invectives contre l'esclavage, et on doit quelque chose à la rhétorique ; mais, au scrutin secret, l'internat aurait des chances. Nos élèves paraissent sentir que l'Ecole n'est peut-être pas tout à fait une prison, qu'elle est peut-être leur maison, pleine de maîtres bienveillants et de bons camarades, le pays de la liberté des esprits et de la tolérance, qui commence à devenir rare. Quelles que soient les différences d'opinions religieuses et politiques, ils ont tenu à ce qu'elles ne parussent pas quand il s'est agi de souscrire pour le monument de notre ancien et illustre maître de conférences, Michelet, et l'élan a été unanime et vif pour rendre hommage à la mémoire de Thiers. Aussi chacun tient à l'honneur de la maison ; il sent que cet honneur est entre ses mains ; de là un sentiment de dignité que nous ne pouvons voir qu'avec une profonde joie, et une amitié qui se retrouve dans tous les coins de la France où le sort les a éparpillés.

Comme la charité est de tout en France, les élèves ont formé un comité de bienfaisance, dont les revenus sont alimentés par les cotisations individuelles et par le concert annuel auquel vous avez bien voulu assister. Les jours de congé, ils visitent les pauvres du quartier, où ils rencontrent leurs camarades de l'Ecole polytechnique. Plus tard ils entrent dans l'*Association des anciens élèves de l'Ecole normale*, destinée à secourir les familles des nôtres qui ont perdu leur chef. Cette association prospère vient d'être, sous la présidence de M. Havet, reconnue comme établissement d'utilité publique.

La forme de notre enseignement est la conférence, la leçon faite par tous. Nous nous en trouvons bien ; toute la difficulté est de trouver ce que nous avons ici, un maître qui possède sûrement son savoir, pour être toujours prêt à répondre à des jeunes gens curieux, instruits et exigeants. Votre prédécesseur, M. Waddington, qui a rendu de si grands services à la science par ses livres et par ses actes, a tellement reconnu la vertu de ce mode d'enseignement, qu'il en a donné le nom aux leçons nouvelles qu'il a instituées près des Facultés, et l'opinion publique invite les professeurs eux-mêmes à s'en rapprocher quand il se peut.

La conférence a fait l'École, et toute réforme qui risquerait d'altérer la conférence est interdite à l'École.

Aussi on a dû renoncer à une mesure qui avait été prise dans une intention libérale : l'introduction, dans les conférences, d'externes qui s'y préparent à l'agrégation. Chose honorable pour nos élèves et qui montre bien leur générosité : ils n'ont pas une seule fois réclamé contre ces concurrents qu'on leur donnait, et qui recevaient les leçons de l'École sans avoir affronté son concours et y avoir emporté sa place, sans payer, comme eux, ce service par un internement de trois ans ; ce sont les maîtres, c'est nous qui avons vu les inconvénients de cette présence des étrangers, parce qu'elle détruisait le caractère des conférences, qu'elle leur ôtait leur liberté et leur familiarité.

On est obligé de renoncer aussi à augmenter autant qu'on voudrait le nombre de nos élèves. Nous ne demandons pas mieux que de suffire au recrutement si difficile de l'enseignement secondaire ; nous nous préoccupons de cet intérêt et de combler le vide que font dans nos promotions d'agrégés les Écoles de Rome, d'Athènes, les laboratoires et les bourses de voyage ; par malheur, nous ne sommes pas libres d'augmenter autant que nous le désirerions le chiffre de nos élèves, et on atteint vite la limite qu'il serait dangereux de passer. Dans nos conférences, peu nombreuses, les élèves sont aisément actifs : leur tour d'expliquer et de parler revient encore assez souvent ; s'ils se multiplient, les intervalles s'allongent d'autant et le bénéfice de notre organisation est compromis. L'autre inconvénient est plus manifeste. Pour réunir plus d'élèves, il faut abaisser le niveau de nos concours, abaisser aussi le niveau des examens de licence et des concours d'agrégation, par suite celui de l'Université. Ainsi, on aurait augmenté la population de l'École, mais l'École même aurait changé et perdu. Nous ne sommes pas l'Université, nous y sommes un ferment, qu'il faut garder actif ; mieux vaut qu'une maison plus vaste, une maison restreinte qui est bien ce qu'elle est·et fait bien ce qu'elle fait.

Les deux premières années de la section des sciences, par les leçons de la Sorbonne et les conférences extérieures, préparent aux licences mathématique et physique ; la première année de la section des lettres prépare à la licence ès lettres. Elle suppose une bonne rhétorique, elle ne la continue pas : les explications des auteurs sont serrées de près, appuyées sur la critique des textes ; les discours sont remplacés par des dissertations sur des pensées littéraires et morales, qu'il faut pénétrer et expliquer. On encourage les élèves à bien écrire, chacun selon sa façon, car nous n'avons pas de style d'uniforme. En seconde année, libre de la licence, on s'essaie à des travaux originaux, qui sont de vraies thèses dans de moindres proportions, dont la correction se fait entre tous ; c'est la véritable année normalienne, où les vocations s'éveillent, où se dessinent les talents, où chacun commence à marquer ce qu'il sera toute sa vie. En troisième année, les leçons sont faites par les élèves à tour de rôle ; ceux qui écoutent sont invités à dire leur avis ; le maître loue et redresse. Dès la première année des lettres, quelques élèves s'étaient essayés à parler ; maintenant il faut qu'ils achèvent d'apprendre leur métier de professeur, et à Pâques, toute la troisième année de l'École se répand, quinze jours, dans les lycées et collèges de Paris, pour faire ses preuves sous la surveillance de maîtres éprouvés.

Les conférences scientifiques sont astreintes à épuiser des cours : elles ont la variété qu'y apportent l'originalité du professeur, le renouvellement de la science et des méthodes. Les conférences des lettres sont plus à leur aise : elles se renouvellent constamment. En troisième année, c'est le changement annuel des programmes d'agrégation ; en première année, où le programme de licence ne change que tous les trois ans, le professeur choisit et varie les auteurs qu'il se charge d'expliquer et distribue les autres ; l'histoire ancienne et la philosophie sont d'ailleurs maîtresses de leurs mouvements. En seconde année, on n'a pas la prétention de faire des cours complets d'histoire de la littérature française, de la littérature latine, de la littérature grecque, d'histoire du moyen-âge et moderne, d'histoire de la philosophie depuis ses origines jusqu'à nous : le maître prend quelques points qu'il approfondit et montre à ses élèves comment on travaille.

Un mérite de nos conférences est d'être assez multipliées sans l'être trop. Des amis de l'Ecole,

qui la voudraient parfaite, désireraient introduire
chez nous un certain nombre d'enseignements faits
pour compléter heureusement ceux qui y sont déjà;
nous sommes obligés de résister. Certainement,
toute science en appelle plusieurs autres ; si l'on
peut, dans ces sciences voisines, choisir les connaissances les plus nécessaires à celle à qui on s'est
donné et les y apporter avec sobriété, on serait
coupable de ne pas le faire ; le tout ici est dans la
mesure. Un certain nombre de leçons substan-
tielles de droit romain et de droit grec seraient
très utiles aux littérateurs et aux historiens ; des
exercices de paléographie ouvriraient à ces derniers les archives des villes où ils seront envoyés;
nous ne renonçons pas à cette introduction discrète.
Plusieurs des enseignements qu'on réclame, s'ils
n'existent pas à l'École, existent ailleurs, tout près
d'elle. L'archéologie, l'épigraphie, la grammaire
comparée, l'étude des langues romanes ont des
chaires à la Sorbonne, au Collège de France, à
l'École des hautes études, et nous en savons le chemin; mais, en définitive, il est essentiel de se défendre hardiment contre la multiplicité des cours :
il n'est pas bon d'être toujours auditeur, toujours
passif, toujours courbé sur son cahier de notes; il
faut agir, payer de sa personne, s'exercer, relever
la tête et respirer un peu, et enfin, puisque nous

sommes condamnés à ignorer une partie des choses, puisque toutes nos connaissances sont fatalement incomplètes, il est bon d'en pousser une aussi loin qu'on peut, et il vaut mieux être maître quelque part qu'écolier partout.

On sait les objets de notre enseignement, mais connaître le titre des enseignements professés dans une maison n'est pas les connaître, si on ne connaît comment ils sont compris. Il est facile de le dire d'un mot : ce que nous nous proposons par nos enseignements de littérature et de sciences, c'est de former des esprits scientifiques et des esprits littéraires. Aussi nous prenons notre temps et, tout en suivant notre idée, nous ne pressons pas inutilement ceux qu'on nous charge de diriger : nous les attendons. Cette sorte de progrès ne se fait pas mécaniquement ; il se fait par une végétation insensible, comme dans la nature.

Certains enseignements particulièrement délicats sont disputés par des tendances contraires ; nous devons vous dire comment nous les entendons.

Nous pensons ici que l'historien doit avoir la passion de l'exactitude, connaître et critiquer les sources, manier les instruments de précision dont la science ne se passe plus ; nous pensons aussi que ce n'est pas s'égarer que de quitter le détail isolé pour suivre la direction des événements, car la·diréction des faits est aussi un fait; nous ne croyons pas que ce soit manquer à la dignité de l'histoire de la faire lisible, de lui donner la clarté, le mouvement, la vie, de lui conserver son immortel attrait.

En philosophie, on invite les jeunes gens à la fois à oser et à se contenir : à oser parce que c'est de leur âge et de cette maison, et qu'ils ont auprès d'eux des conseillers pour les avertir de prendre garde ; à se contenir parce qu'il est périlleux de laisser prendre à l'esprit un pli qu'il ne peut plus quitter. La philosophie présente ose beaucoup. Nous étions, de mon temps, il y a longtemps, de bonnes gens, assez naïfs, assez timides, très dévoués au sens commun, très respectueux de l'évidence, incapables, grand Dieu! de nier une réalité, trop attachés aux idées reçues pour avouer que nous n'existions pas, trop polis pour déclarer aux autres qu'ils n'existaient pas non plus, tenant même à croire que nous étions libres et qu'ils l'étaient comme nous quand nous n'étions pas pris de fièvre ou de folie, tâchant de trouver les raisons des choses, que nous ne trouvions pas toujours, et le confessant avec candeur. Aujourd'hui on se met à l'aise : on n'est pas retenu par des réalités gênantes, il est entendu que la critique a droit sur

tout : on résout les êtres en phénomènes, les phénomènes en lois, et les lois en logique. Descartes
disait : «Je pense, donc je suis»; on dit aujourd'hui
couramment : « Je pense, donc je ne suis pas » ;
c'est un grand progrès de la philosophie. Et l'habileté avec laquelle on détruit et on construit est
merveilleuse à donner des éblouissements. Nous ne
sommes pas sans être un peu inquiets de ce prestige, car si on se plaisait trop à ces jeux, la philosophie cesserait d'être la science respectable
qu'elle a été depuis les origines ; elle ne serait
plus qu'un art, elle ne formerait plus que des
virtuoses et n'aurait plus d'action sur le monde,
ce qui serait nouveau dans son histoire. Si elle ne
s'en souvient plus, vous lui avez rappelé que ce
sont les philosophes du dix-huitième siècle et les
légistes de l'ancien régime, pénétrés des principes philosophiques du droit, qui ont fondé
notre admirable société civile.

Il nous semble que la littérature est une science
et un art. Longtemps elle n'a paru qu'un art ; de
nos jours, elle paraît surtout une science. Les origines de la langue française ont été l'objet de longs
travaux, qui honorent notre pays, et qu'il lui convenait plus qu'à tout autre d'entreprendre ; l'approbation qu'ils ont eue risque de prouver au public qu'il n'y a plus d'autre étude solide et pro-

fitable que celle-là ; on se tromperait. De même qu'on peut considérer, dans une médaille, le métal ou l'empreinte qu'il a reçue, on peut aussi considérer, dans une langue, la matière, c'est-à-dire les mots, les syllabes et les lettres, et la loi de leurs variations, ou bien la façon dont les écrivains ont frappé cette langue à l'image de leur génie, et tâcher de les imiter à son tour. Nulle science n'est difficile auprès de cet art ; car il ne s'agit pas de faire un ouvrage, mais de faire un ouvrier, ce qui ne se fait qu'à force de temps et d'efforts, avec une constante alternative de confiance et de découragement, sans qu'on parvienne jamais à se contenter. Nous n'avons pas négligé l'étude scientifique du français, témoin le remarquable livre sur l'*Histoire de la langue et de la littérature françaises au moyen-âge*, par M. Aubertin, qui veut bien déclarer, dans sa préface, qu'il a commencé ce travail dans nos humbles conférences ; mais nous avouons, au risque de paraître un peu surannés, que nous nous essayons ici à composer et à écrire. Dans l'exposition universelle et perpétuelle des travaux de toutes les nations, nous opposerons à ceux des autres pays, sur les origines de la langue française, les travaux de ce genre qui sont nés chez nous : c'est ce qu'on appelle, je crois, en économie politique et en industrie, les produits similaires ; mais nous demandons la permission d'y paraître aussi avec les talents qui marquent notre race et d'exposer notre art français.

Quelle que soit la valeur de notre enseignement, une des forces de l'École est qu'elle ne se juge pas elle-même, qu'elle est jugée. Elle l'est pour la licence par la Sorbonne et par les bureaux d'agrégation, dans un concours public, ouvert à tout le monde, où elle n'a d'autre privilège que son travail et sa bonne préparation à cette agrégation qui est notre rêve constant, parce qu'elle donne un établissement dans l'Université, et qu'elle est la fin des études générales et le commencement des études spéciales, où chacun va selon son goût. Nous tâchons de ne pas laisser perdre la tradition de l'École, qui est d'avoir partout le premier et les premiers.

Le titre d'agrégé, toujours désirable, l'est encore plus depuis que M. Batbie y a attaché un traitement de 500 francs, quelquefois doublé par les conseils municipaux, celui de Saint-Étienne par exemple, et depuis que M. Wallon a établi qu'au lieu d'être simples chargés de cours jusqu'à vingt-cinq ans, les jeunes gens pourraient être immédiatement nommés à une chaire, ce qui leur est un grand profit d'intérêt et de dignité. Ceux qui sont sortis sans être agrégés risqueraient de perdre cou-

rage ; nous les stimulons : ils se représentent ; la
plupart même, pendant le temps des concours,
rentrent à l'École pour se retrouver dans le lieu de
leurs études, avec la tranquillité du lieu et les secours des livres, des instruments et des camarades, qui accueillent fraternellement ces rivaux.
Plusieurs parmi ces écoliers qui nous reviennent,
sont mariés et pères de famille : nous tâchons
qu'ils ne regrettent pas trop leur liberté.

Si l'agrégation est la mesure de notre valeur, on
doit tenir partout, comme nous y tenons nous-
mêmes, à ce que ce concours soit élevé et que les
exercices qui y préparent, au lieu d'être un recom-
mencement perpétuel des mêmes choses, un insi-
pide mouvement sur place, soient un perpétuel
développement. Les jeunes gens qui entrent ici et
qui nous donnent trois de leurs plus belles années,
entendent en faire quelque chose : s'initier aux
méthodes mathématiques, à la précision des expériences ; joindre au goût littéraire, qui est un heureux instinct, la connaissance exacte des sociétés
où les littératures se sont produites ; se familiariser avec les procédés de la philologie savante ;
vivre dans l'étude des grands monuments de
la philosophie, voir du pays, s'approcher des
systèmes sans en avoir peur, monter un peu
sur l'hippogriphe, certains qu'ils sont d'en descen-

dre pour faire leur classe; s'appliquer à la géographie difficile, à celle qui restitue les lieux par les
textes ; se former à la critique historique et à l'intelligence de l'histoire. Voilà les exercices par lesquels ils tâchent de profiter, et on peut dire que
l'école est un grand laboratoire. Education de
luxe, éducation absurde, si nos jeunes gens, une
fois professeurs, ont l'intention de reverser à leurs
élèves tout ce qu'ils ont appris ; éducation sensée,
s'il est vrai qu'on ne sait pas assez si l'on ne sait
que ce qu'on enseigne, et qu'après avoir bien travaillé pour ses élèves il n'est pas interdit de travailler pour soi. Voilà ce que nous sommes, ou
du moins ce que nous désirons être, vivants et portant partout la vie. Mais si l'on rêve autre chose,
si, à une époque où les enfants, et souvent les familles, dans leur hâte d'en finir, réduisent misérablement l'enseignement, on veut réduire de même
l'éducation du futur professeur, lui interdire
comme un superflu dangereux tout ce qui dépasse
le service, le mettre, pour principale nourriture,
au régime du manuel, en un mot, faire des machines à faire des machines, il n'y a pas besoin de
nous pour cela.

L'agrégation atteste l'aptitude à l'enseignement
secondaire, ou plus simplement à l'enseignement,
car, quelle que soit la matière, il n'y a pas deux

formes d'enseigner : en grammaire, la ferme connaissance des lois grammaticales, la précision dans l'explication et la traduction des textes ; en lettres, avec le même fonds indispensable, l'étincelle littéraire ; en histoire, la possession des faits, le jugement critique, le talent d'exposer, en choisissant, en élaguant, en mettant chaque chose à sa place et lui donnant sa valeur, afin d'intéresser toujours ; en philosophie, l'habileté dialectique pour cheminer dans les questions, la sûreté du jugement, le don de conduire les esprits et de passionner les âmes ; en mathématiques, la rigueur et la rapidité ; ce qu'on appelle l'élégance de démonstration ; en physique, l'aisance à mêler les théories et les expériences. On ne prétend pas que l'agrégation soit nécessaire pour savoir enseigner ; il y a des hommes qui sont nés avec ce talent, d'autres qui y arrivent tout seuls, qui ont repassé si obstinément par tous les chemins par lesquels ils sont parvenus à une vérité, qu'ils sont capables d'y mener les autres ; on prétend seulement que la majorité n'est pas telle, qu'il y a là un art qui, comme tous les arts, a besoin d'être cultivé.

Ainsi va notre excellent enseignement secondaire, auquel on ne saurait tenir trop. Il n'est pas seulement très solide, très bien entendu pour former un Français, il est aussi très élevé et il se ter-

mine par des classes comme les classes de rhétorique, de philosophie, de mathématiques et de physiques spéciales. L'enseignement supérieur des
autres pays paraît plus riche que le nôtre, en partie parce qu'il comprend des enseignements qui,
chez nous, sont donnés dans les lycées. Quelle importance ont des établissements où passe, pendant huit ou dix ans, la jeunesse de la population
aisée, d'où elle sort pour entrer dans les grandes
écoles de l'État et occuper d'importantes positions
dans la société! L'intérêt du pays crie qu'il faut
conserver avec le plus grand soin notre enseignement secondaire, en se contentant de le réformer, si c'est nécessaire, précisément pour le
conserver.

Les trois années d'école, si bien remplies, ne
sont encore, pour quelques-uns de nos jeunes
gens, qu'un noviciat. Quelques élèves vont aux
écoles de Rome et d'Athènes ou reçoivent des bourses de voyage pour étudier dans les pays étrangers ; d'autres, après avoir passé par l'enseignement des lycées, sont appelés à Paris comme
agrégés-préparateurs et se dispersent dans les
laboratoires de la Sorbonne, du Collège de France
et de l'Ecole normale. Pour ne parler que de
l'Ecole, ils sont six, attachés aux enseignements
de mathématiques, de physique, de chimie et d'his-

toire naturelle, donnant une part de leur temps
aux élèves, dont ils dirigent les manipulations et de
certains exercices, prenant le reste pour leurs recherches personnelles, d'où sortent des communi-
cations à l'Institut et des thèses souvent très dis-
tinguées. La physique et la chimie y fournissent
considérablement. Les physiciens ont à leur disposition notre beau cabinet qu'ils ont tant regretté
en le quittant, et l'érudition et la sagacité de leur
ancien maître, M. Bertin ; les chimistes apprennent près de M. Pasteur ce que c'est que l'expéri-
mentation, ce que c'est aussi qu'une âme uniquement possédée par la science ; ou bien ils vont près
de M. Sainte-Claire Deville, voir à l'œuvre un
maître ardent et prodigue de lui-même, dans ce
laboratoire qui est, depuis vingt-sept ans, le laboratoire de toute l'Europe. Vous le savez, Monsieur
le Ministre, la chimie ne prétend plus faire de l'or ;
vous le savez aussi, plus que personne, elle en dévore beaucoup ; mais si elle ne fait pas de l'or, elle
fait de la science, qui ne s'avilit pas, comme les
métaux précieux, en se multipliant. Et puis, dé-
terminer et mesurer avec précision les propriétés
des corps, étudier les ferments, qui sont de si
puissants agents de composition et de destruction
dans le monde de la vie, exciter ou préserver de
grandes industries, accroître la richesse générale.

n'est-ce pas faire de l'or ? On travaille ici pour la science et pour la fortune publique ; c'est notre honneur et notre récompense.

Je reviens à nos jeunes littérateurs et à nos jeunes savants. Après ces travaux, ils rentrent dans l'enseignement secondaire transformés par ces années de volontariat, ou bien ils disputent les conférences et les chaires de Facultés aux docteurs qui arrivent des lycées.

Ainsi par l'agrégation et le doctorat s'entretient le mouvement dans l'Université : mouvement des esprits, chez qui la spécialité ne se développe que sur un fond de culture générale, mouvement du personnel, qui recrute ordinairement l'enseignement supérieur dans l'enseignement secondaire, parmi les sujets qui se sont eux-mêmes désignés à cet avancement. On voit combien il serait dangereux de troubler cet ordre naturel, de décourager les jeunes gens de l'agrégation ; et on les découragerait si elle semblait les renfermer pour toujours dans l'enseignement secondaire, si, pendant qu'ils donnent plusieurs années à se préparer à ce difficile examen, où les places sont si disputées, d'autres jeunes gens plus avisés et qui connaissent les routes directes, une fois licenciés se tournaient directement vers le doctorat, qui n'est pas un concours, qui est un simple examen, dont on se tire quand on le veut, et prenaient d'emblée les postes de l'enseignement supérieur.

Là sans doute il faut faire encore la part des exceptions : il y a des aptitudes scientifiques spéciales qui se révèlent d'elles-mêmes, et qu'il importe de mettre en réserve parce qu'elles sont l'avenir du pays; mais ces exceptions n'abondent point et on demande qu'il ne dépende pas de chacun, de son envie d'arriver et de sa confiance en lui-même, de se loger dans l'exception. L'Ecole ne se permet pas de présumer ainsi des sujets qu'elle est chargée de former : elle les conduit par la grande route de l'agrégation ; elle n'admet que par la dérogation la plus rare les doctorats anticipés, comme elle l'a fait en 1876 et en 1877 pour deux mathématiciens, MM. Appell et Picard, qui ont été reçus docteurs à toutes boules blanches et passaient quelques semaines après, au premier rang, à l'agrégation ; elle les a autorisés à être docteurs parce qu'ils étaient des agrégés naturels.

La question du doctorat se pose vite à l'esprit de nos jeunes agrégés et presque toujours c'est une crise. Au sortir de leurs trois années, il y a une forte épreuve pour ces jeunes gens, qui souvent tombent de l'Ecole, de leurs conférences, de leurs cours, de leur bibliothèque, de leur laboratoire, du milieu parisien, excitant, dans quelque ville où ils

trouvent peu ou point de livres, peu ou point
d'hommes, des élèves qui ne s'intéressent pas aux
choses qui les intéressent et méprisent tout ce qui
ne mène pas droit au baccalauréat. Ajoutez la fatigue de l'enseignement, fatigue réelle, aggravée
par l'administration qui charge d'heures de leçons
accessoires des maîtres inutiles à un pareil emploi,
fatigue que les débutants exagèrent aussi, et qui
leur est un prétexte plausible pour se borner au
travail des classes et se reposer après; en vain ils
ont fait provision de chaleur à l'Ecole, ils risquent
de se refroidir et de s'engourdir pour toujours.
Ceux-là, il faut les réveiller, leur demander s'ils
n'ont pas rapporté de leurs conférences et de leurs
lectures quelque sujet favori de thèse, le commencement d'un livre futur que l'on porte partout
avec soi, que l'on promène dans ses courses et qui
vous tient compagnie près de votre feu. Alors on
ne s'endort pas, et le mouvement qui vient de là
sert à la classe même.

D'autres de nos meilleurs élèves se révoltent et
veulent sortir au plus tôt de cet enseignement, de
peur de devenir semblables à leurs camarades. En
un autre temps, je craindrais de dire ce que je vais
dire ; mais la sagesse se déplace comme le danger.
Il s'est déclaré depuis quelques années, parmi nos
jeunes agrégés, une fièvre du doctorat, qui res-

semble assez à la fièvre du baccalauréat : on est impatient de faire ses thèses et on en veut naturellement à la classe qui vous prend votre temps, à la province qui n'offre pas de ressources pour travailler. Assurément, cette ardeur est sincère et des plus honorables ; mais ceux qu'elle possède ne lisent peut-être pas très clairement en eux-mêmes, et ne voient pas que l'ambition du doctorat est, pour une part aussi faible qu'on voudra, l'ambition des Facultés, et l'amour du travail une des formes de l'amour de Paris, qui a bien des formes. Ce grand empressement à produire n'est pas si sage qu'on le pense. Au sortir de l'agrégation et de l'Ecole, où l'esprit a reçu une si forte nourriture, il n'est pas mal de la digérer un peu, de se recueillir, de faire la revue de ses idées, de les compter, de les classer, de les accorder, et cela ne se fait pas en un jour, mais tous les jours, par les réflexions qui viennent, par la vie et l'enseignement, qui sont de grands maîtres, qui font tomber bien des idées et en suscitent d'autres, inattendues. Les jardiniers qui veulent planter un arbre ouvrent la terre et la laissent pendant quelque temps exposée au soleil, à la pluie, à toutes les influences de l'air. Faites ainsi : après l'éducation des maîtres laissez agir cette autre éducation, plus intime, plus lente, où nous arrivons peu à peu, par la réflexion, à nous reconnaître et à nous dégager ; ce que vous produirez alors sera bien à vous, ce sera de vous.

Si quelques-uns, trop faibles, sont tentés de perdre courage en tombant du grand mouvement parisien dans le grand silence de certaines provinces, je leur dirai : Aimez vos élèves, ouvrez ces jeunes esprits aux idées justes, faites germer de bons sentiments dans ces âmes nouvelles où tout est en fleurs ; ils vous aimeront si vous les aimez, et il n'y a pas d'ennui qui tienne contre cette affection.

Vous avez désiré nous connaître, Monsieur le Ministre ; nous voilà en toute sincérité. Nous ne prétendons pas être parfaits ; tels que nous sommes, nous avons conscience de mériter votre bienveillance et celle des pouvoirs publics. Sera-t-il permis à quelqu'un qui a passé sept années dans cette maison, vivant de sa vie, et qui n'a jamais eu une pensée qui ne fût pour elle, de donner un humble conseil : l'École normale est une machine délicate à laquelle il ne faut pas toucher aisément.

Nous n'avons plus que deux vœux à former ; il s'agit, pour les deux, de fléchir le budget, et, dans ces nécessités, nous nous adressons toujours à vous avec espérance ; car, avant d'être Ministre, vous avez été plusieurs années rapporteur du budget de l'Instruction publique, et nous vous avons toujours trouvé secourable. L'un de ces vœux est bien près d'être réalisé, car vous avez porté au budget de 1879 une augmentation que M. le Ministre des Finances accepte et que les Chambres ne voudront certainement pas nous refuser : il s'agit des traitements des maîtres de conférences sur lesquels porte principalement la préparation de la licence et de l'agrégation. Déjà, à la place de traitements inégaux sans nul motif, quelques-uns dérisoires, le budget de 1874, présenté par M. Jules Simon, maintenu par ses successeurs, a établi un régime plus équitable. Depuis, les traitements des professeurs de la Sorbonne, du Collège de France et du Muséum ayant été élevés, il vous a paru juste que les traitements de nos maîtres de conférences le fussent aussi, pour témoigner combien leurs leçons sont estimées. Soyez-en sûr, Monsieur le Ministre, l'École ne l'oubliera pas.

Notre autre vœu est pour nos jeunes gens, par une prévision certes bien éloignée, la prévision de la retraite. Nous vous prions d'obtenir que la prochaine loi sur les pensions civiles, revenant à notre ancienne tradition, compte les années à partir de l'entrée à l'École. Cela semblerait juste, puisque l'accomplissement de notre engagement part de là; on le sait, le service use terriblement et les der-

nières années qui séparent de la retraite sont bien
longues.

Nous sommes la pépinière de l'Université : de
celle qui, travaillant avec plus d'éclat, est récom-
pensée par le succès de sa parole et de ses livres,
et de celle qui, travaillant plus obscurément, disputant les bonnes études à la précipitation des familles et des enfants, maintenant malgré tout la
culture désintéressée de l'esprit, s'usant généreu-
sement à cet ouvrage de chaque jour, est récom-
pensée par l'estime publique et par sa conscience.
On peut dire que l'Université est aujourd'hui la
seule gardienne des trois grandes littératures classiques, la grecque, la latine, la française, qui seraient vite accablées par les productions modernes,
s'il n'y avait pas un corps près duquel la recrue
perpétuelle de la jeunesse vient apprendre à les
connaître, et qui en entretient incessamment le public. Le jour où l'Université et l'École disparaî-
traient, ces littératures périraient chez nous, car
il faut une foi profonde et un singulier désintéressement pour s'obstiner à parler de choses vieilles,
auxquelles ne sont point la mode et la vogue.

Nous avons été très touchés lorsque vous avez
dit : « L'Université est, comme nous, fille de 89. »
C'est vrai : notre esprit est l'esprit de l'Université;
l'Université représente la France; elle la représente

par son sage libéralisme, qui est le fond même de la nation, ennemie des régimes violents et des régimes doucereux. Elle n'est pas toujours heureuse: elle a des périodes difficiles à traverser: mais elle sait que si le bien n'est pas éternel en France, le mal l'est encore moins ; elle supporte, elle souffre, et attend des changements qui ne manquent jamais d'arriver. Vous lui avez rendu ce témoignage qu'on n'osera pas contester, qu'elle est de son pays et de son temps ; aussi, quand on lui confie ses enfants, on sait ce qu'elle en fera : des hommes de leur pays et de leur temps. Institution discrète, elle modère elle-même son action : elle refuse de se substituer à l'autorité et à la maison paternelle; elle s'interdit de presser trop fortement sur les esprits et les âmes, par crainte de briser quelque ressort ou de n'obtenir qu'une puissance passagère ou apparente. Cela réservé, il lui reste pourtant encore quelque chose à donner à ses élèves : l'habitude de vivre dans un monde naturel, de rencontrer sans gêne les opinions et les situations les plus diverses; le spiritualisme, sur qui la vie humaine repose ; le bon jugement, par lequel ils se feront plus tard eux-mêmes des idées ; l'apprentissage de leur jeune liberté ; le respect de la vérité ; la parfaite sincérité, fût-ce à leurs dépens ; le sentiment frêle, en apparence, mais ici si résistant, de l'honneur ; et, pour tout dire, des qualités qui pourront nuire à leur tranquillité et à leur avancement, mais qui valent ce qu'elles coûtent : la netteté dans l'esprit et dans la vie.

Vous nous excuserez, Monsieur le Ministre, de vous avoir parlé un peu longuement de nous, de ce que nous sommes, ou de ce que nous voudrions être. L'Université n'est pas toujours disposée à s'ouvrir avec cette confiance ; aujourd'hui elle reprend courage et il semble qu'elle respire dans un air ami.

(29 juin 1878.)

LE BACCALAURÉAT

Encore le baccalauréat ! Il doit être permis d'en parler, car il n'est pas innocent et il intéresse bien des jeunes gens et bien des familles. C'est dans cet intérêt que nous proposons de supprimer un des exercices qu'il exige : la composition en latin. Nous dirons les raisons qui nous paraissent décisives.

Le baccalauréat a été, comme on le sait, institué en 1808; l'épreuve écrite, dans l'examen, date de 1830. Un arrêté du 9 février porte : « Indépendam-
» ment des épreuves usitées jusqu'à ce jour, tout
» candidat au baccalauréat ès-lettres sera tenu
» d'écrire instantanément un morceau en français,

» soit de sa composition, soit en traduisant un
» passage d'un auteur classique. » Cet arrêté n'eut
pas un grand effet; la circulaire de Victor Cousin,
en 1840, le constate : « L'épreuve de la composi-
» tion ne consiste guère qu'en un simple exercice
» d'orthographe ; et, quoique ainsi restreinte, elle
» a même cessé d'être demandée dans beaucoup
» d'académies. » Le règlement du 14 juillet établit
une règle uniforme et détermine « que les candi-
» dats seront tenus de faire une version latine, à
» peu près de la même force et de la même éten-
» due que les versions latines qui se donnent en
» rhétorique. » Victor Cousin avait consulté les
académies sur la part qu'il convenait de faire à
l'épreuve écrite ; cinq académies demandèrent
deux compositions, treize académies trois compositions, six académies quatre compositions ; il y en
eut trois qui demandèrent cinq compositions.
C'était l'âge héroïque des Facultés. Depuis, les
examens se sont singulièrement multipliés, et la
nouveauté du plaisir de juger est passée. Nous
sommes convaincu que si on les interrogeait aujourd'hui, il ne s'en trouverait plus une seule qui
demandât cinq compositions ; nous nous portons
garant pour la Faculté de Paris. Victor Cousin,
pour ne mécontenter personne, décida de s'en tenir
à une épreuve. C'était le seul parti auquel on

n'eût pas songé ; mais il y avait songé sans doute avant de lancer sa circulaire, et c'est ainsi que l'on consulte ordinairement. Cette fois il avait parfaitement raison.

Cela dure jusqu'en 1852 (5 septembre), où on ajoute à la version latine « une composition latine ou une composition française, suivant que le sort en décidera. » En 1857 (3 août) on s'aperçoit que le sort est injuste, et la composition latine subsiste seule. En 1864 (28 novembre) aux deux compositions précédentes s'en ajoute une troisième « sur un sujet de philosophie. » En 1874 (25 juillet) le baccalauréat est scindé en deux parties ; mais une quatrième composition survient. La première partie compte deux compositions : la version latine et la composition en latin ; la seconde partie en comprend également deux : la dissertation philosophique et une version d'une langue étrangère. C'est l'état actuel.

Nous n'avons nullement envie de détruire le règlement de 1874, qui est tout nouveau. Puisque le baccalauréat est scindé, qu'il reste scindé ; nous ne croyons pas assez à la vertu de l'examen en une ou deux fois pour le diviser quand il est unique ou pour le réunir quand il est divisé. Puisque la seconde partie vient au sortir de la classe de philosophie, qu'on maintienne, si l'on veut, la dissertation philosophique : si elle prouve peu, du moins elle ne trouble rien, et la classe et le baccalauréat vont ensemble. La version d'une langue vivante répond trop aux préoccupations du présent pour qu'on songe à la supprimer. La version latine se justifie par d'excellentes raisons. Victor Cousin dit on ne peut mieux : « Une version latine bien faite » témoigne suffisamment de cette connaissance » solide de la langue latine, sans laquelle il ne » peut y avoir de fortes études de médecine et de » jurisprudence ; c'est aussi une page de français » dans laquelle on peut reconnaître si le candidat » sait écrire sa langue avec la pureté, la clarté et » l'élégance qui répondent d'elles-mêmes d'une » bonne culture intellectuelle (17 juillet 1840). » On pourrait ajouter qu'une version latine bien faite montre la justesse d'un esprit qui est capable de suivre dans ses développements la pensée d'un auteur et de l'interpréter en conservant sa rigueur logique, sans la laisser ni flotter ni dévier. L'épreuve est vraiment décisive. Aussi devrait-on s'y tenir. Nous avons cherché dans les circulaires et dans les notes qui accompagnent les règlements pourquoi on est allé chercher la composition latine et pourquoi on l'a gardée ; nous n'avons trouvé absolument que ceci, dans l'Instruction ministérielle de 1857 (14 août) : « C'est l'exercice

» ordinaire de la classe de rhétorique. » Pas plus ordinaire que le discours français qu'on excluait, et, au cas où le discours latin aurait absorbé le discours français dans la classe, il s'agissait de savoir si cela devait être.

Justifiée ou non à l'origine, l'épreuve de la composition en latin pouvait se justifier par la pratique. Interrogez. Excepté un petit nombre, surtout de candidats sortis des grandes classes de Paris, qui font bien cela parce qu'ils font tout bien et qu'ils sont au-dessus du baccalauréat, prenez le commun des martyrs, quelles compositions, grand Dieu! Quelles idées! Des fragments de lieux communs apprêtés pour toutes les circonstances, qui entrent bon gré mal gré dans le sujet. Et quel style! Une platitude qui ne vise qu'à être correcte et qui n'y réussit à peu près que dans les bons jours. C'est cela qu'on appelle la preuve d'une culture littéraire. Et on a le cœur d'employer des hommes de valeur à corriger cela! Ils devront s'enfermer, lire en conscience dix, vingt copies de cette force, nageant dans le vague et le vide. Malheureux candidats! malheureux juges!

Voici ce qui est plus grave. Quand on a scindé le baccalauréat, on avait l'idée de forcer les jeunes gens à prolonger leurs études. L'examen étant placé à la fin de la classe de philosophie, les candidats pressés employaient cette année de classe à la préparation générale de l'examen ; aussi la philosophie était en souffrance. On a voulu remédier à ce mal en portant une première partie de l'examen à la fin de l'année de rhétorique ; il est arrivé ce qui devait arriver : la préoccupation des candidats a avancé d'un an, comme l'examen, et c'est la rhétorique qui a pâti. En ce moment, en France, sauf dans les lycées de Paris, qui se sauvent par l'éveil des esprits, par l'ambition du concours général et de l'Ecole Normale, ceci se passe presque invariablement dans les classes de rhétorique. Chez tous les élèves est l'idée fixe de la première moitié du baccalauréat et la disposition à ne faire que ce qui les y mène. On comprend qu'ils ne fassent pas de vers latins, les vers latins s'en vont ; au moins devraient-ils s'intéresser à la lecture, à l'explication des auteurs latins, grecs, à toute cette admirable littérature ; point, cela les détourne. Lorsqu'un professeur zélé, passionné pour la langue et la littérature françaises, s'efforce de leur communiquer un peu de sa passion, on voit qu'ils sentent l'attrait, mais ils y résistent prudemment. Où ils sont toujours prêts, c'est à faire des compositions en latin ; ils n'attendent pas qu'on les invite, ils poussent le professeur.

Il importe de changer au plus vite cet état de choses. Les études ne sont pas faites pour le baccalauréat, c'est le baccalauréat qui est fait pour les études ; si donc il leur nuit, c'est à lui de changer. Une fois les études rendues à elles-mêmes, il faut qu'elles portent naturellement au baccalauréat, qu'on évite soigneusement tout ce qui est préparation spéciale à l'examen, qu'un élève, en suivant honnêtement les classes, ait l'esprit tranquille, qu'il soit persuadé qu'il se fait bachelier tous les jours et qu'il le devienne sans s'en apercevoir. Ne viser, dans les classes, qu'au résultat matériellement utile, mépriser le savoir et n'estimer que le diplôme est, disons-le nettement, immoral, et c'est, par malheur, la disposition où de fausses mesures ont jeté une grande partie de la jeunesse. Il y a en France des esprits positifs, éminemment pratiques, qui réduisent au plus net la valeur des choses : ils ne donnent pas dans les chimères, dans les vaines curiosités de l'esprit et les subtilités du sentiment, ils entendent la vie : on prend le baccalauréat pour en finir avec les études, on fait sa première communion pour en finir avec la religion, on se marie pour en finir avec l'amour. Ce n'est pas à cette catégorie d'esprits forts que nous nous adressons : ils nous regarderaient comme trop naïf si nous leur disions que le baccalauréat doit être le commencement des études, des études larges et libres qui dureront toute la vie, et qu'on demande seulement au baccalauréat de ne pas en dégoûter.

(25 avril 1879.)

LE CONCOURS GÉNÉRAL

Le ministre de l'instruction publique a maintenu
au projet de budget de 1880 le crédit destiné au
concours général des lycées et collèges de Paris.
Tout porte à croire qu'il sera accepté cette année;
mais, s'il ne l'était pas par des raisons durables,
l'institution serait en danger et pourrait disparaî-
tre dans un moment d'entraînement ou de distraction. C'est ce qu'il faudrait éviter.

Je ne conseillerai pas aux plus fervens partisans
du concours général d'absoudre ou de glorifier
tout son passé : ce ne sont pas ses ennemis qui ont
inventé les spécialités forcées et la traite des lauréats ; on rencontrerait là des légendes et une his-

toire qu'il est plus sage de ne point réveiller.
L'important est que ces anciens abus n'existent
plus aujourd'hui; or il est facile de s'en assurer par
le bruit public et par la simple vue des palmarès,
où les mêmes noms reviennent, témoignant que le
succès n'est plus dû à l'application obstinée à un
seul exercice, mais à la qualité des esprits. Je ne
conseillerai pas non plus de défendre le concours
général dans les proportions qu'il a prises : il y
a là évidemment un abus et des sacrifices nécessaires.

Cela fait, je ne me chargerai pas de soutenir
tous les arguments qu'on s'est plu à donner en sa
faveur ; car on lui a attribué plus d'un mérite douteux. Ainsi il n'est pas certain qu'il classe avec justesse les divers établissements qui y prennent
part. D'abord, il serait de bonne justice de comparer la population de ces établissements; puis on
sait à quoi tiennent souvent les plus grands succès : à la présence de tel professeur qui peut être
appelé ailleurs, ou de tel élève brillant, d'élève à
concours, que la fortune a placé dans une maison
plutôt que dans une autre, et qui en sort toujours à
quelque moment.

Je crois encore assez peu, faut-il le dire ? à la
vertu du concours général comme moyen d'émulation entre les divers établissements. Qu'on désire

le succès pour sa maison, et qu'une fois le résultat
connu, on s'attriste ou on se réjouisse, c'est naturel, mais c'est tout : la vérité est que chacun travaille pour soi, pour l'emporter sur les autres,
étrangers ou camarades. C'est cette fausse idée
d'émulation qui, dans des collèges d'avant la
Révolution, faisait diviser les élèves de chaque
classe en Romains et en Carthaginois, afin de
rallumer, dans des combats de versions et de
thèmes, les ardentes haines de Cannes et de Zama.
J'ignore en combien d'endroits cet artifice se pratique encore; du moins je l'ai trouvé, il y a quelques années, dans une maison de Versailles.
Chargé, comme délégué cantonal, de l'inspecter, je
me trouvais assis tantôt dans un camp, tantôt dans
l'autre, et tâchais d'en prendre les passions : chez
les Romains, je m'efforçais de m'animer contre la
foi punique, chez les Carthaginois, contre la foi
romaine ; mais j'avais beau faire, il me paraissait
qu'elles se valaient, et je déplorais l'esprit critique
du siècle qui me pénétrait. Aussi bien, les pauvres
enfants ainsi rangés en bataille n'avaient pas trop
l'air d'avoir une idée très nette de ce que c'était que
Romains ni que Carthaginois, et entre Annibal et
Quintus Fabius Maximus ils auraient préféré celui qui leur aurait donné une heure de plus de
récréation.

Enfin, il serait fort désirable que le concours général donnât la valeur absolue des esprits ; mais je me contente de penser que, sauf des exceptions éclatantes, il donne simplement une valeur relative, une force comparée et quelquefois des perfections sur des objets assez minces, en ajoutant qu'il y a là des indications qui ne sont pas à dédaigner. L'Université ne garde pas toûjours cette réserve : elle a ses illusions maternelles et distribue volontiers l'avenir à ses lauréats. Pendant qu'elle les célèbre, le public critique est assez sévère pour eux, comme il l'est, du reste, pour les prix de Rome. Il est sur ses gardes : il s'imagine que tous ces jeunes gens, enivrés de leurs succès, se considèrent comme des génies, croient que tout leur est dû, l'admiration et les honneurs, et il se révolte contre les prétentions qu'il leur prête. De là les plaisanteries que l'on sait. On peut se rassurer. Certes, il faudrait supprimer le concours général et les prix de Rome si l'on devait donner aux lauréats un tel orgueil qu'ils prétendissent désormais être à part, avoir droit à tout, être nourris aux frais de l'État, être préfets ou ministres ; on n'aurait ainsi créé qu'une nouvelle classe de déclassés, ce qui n'était pas nécessaire. Mais que l'on soit sans crainte : s'il y a des lauréats qui soient le premier jour dans ces idées, ils en reviennent

promptement : dès le lendemain, après la première
grâce du succès, ils rencontreront la réalité, leur
orgueil s'abattra. Les prix d'honneur ont eu quelque temps l'exemption du service militaire, qui ne
risquait pas de dépeupler les armées ; ils ne l'ont
plus ; ils ne sont admis aux écoles du gouvernement que comme tout le monde, sur un nouveau
concours ; le seul privilège qui subsiste est celui
des prix d'honneur de rhétorique, qui ont pour
un an leurs entrées au Théâtre-Français ; après
quoi ils retombent dans la foule, qui attend et
paie.

Laissant pour ce qu'elle est cette petite guerre,
voulez-vous savoir ce que deviennent naturellement bon nombre de ces jeunes gens ? La statisti-
que nous apprendra sans doute comment, depuis
l'origine du concours général, les lauréats se sont
répartis entre les différentes professions ; elle ne
dédaigne pas de moindres connaissances et nous a
appris, il y a une couple d'années, combien de membres de l'Institut habitent sur la rive droite et combien sur la rive gauche, imprudence d'une science
qui compte sans les déménagements. En attendant,
nous voyons qu'un certain nombre passent aux
Écoles polytechnique et normale, lauréats scientifiques aux deux, lauréats littéraires à la dernière.
Presque tous les élèves de la section des lettres

viennent de là : sur environ soixante-dix dont elle se compose, il n'y en a que trois ou quatre qui fassent exception. Pour citer les faits les plus récents, la promotion de 1878 a reçu cinq prix d'honneur, un des sciences, quatre des lettres. Et cela se comprend : ils apportent les mêmes qualités aux deux concours : des goûts sérieux et des facultés cultivées. Ils n'ont donc pas seulement un jour d'éclat ; ils deviennent une des forces de l'Université.

Cette considération pourra, je l'espère, recommander le concours général ; mais, même sans cette utilité précise, il ne saurait être indifférent à aucun de nous qu'il y ait en quelque lieu une vive excitation à étudier les sciences, l'histoire, la philosophie, les langues anciennes, et à bien écrire dans la nôtre ; pour mon compte, je suis touché quand je pense que cette ardeur occupe un âge qui est si aisément pris par les passions ou par les petites vanités pires que les passions, et je me sens une grande indulgence pour ce qu'il peut y avoir d'enfantillage dans ces grandes solennités. Je désirerais, cela va sans dire, que le gouvernement actuel partageât mes faiblesses. La République a ce caractère, que chacun y est chargé de la chose publique ; son nom vient même de là ; le patriotisme républicain, préoccupé du bien général, n'aime donc guère que ce qui y va et ne comprend guère que ce qui y va tout droit ; il n'estime que les grands chemins et se méfie des sentiers, qui conseillent l'école buissonnière ; il veut des ouvriers et goûte peu les subtilités et les délicatesses auxquelles de beaux esprits s'amusent ; enfin, il sacrifie les fleurs aux fruits. La nature nous est plus clémente ; elle ne nous offre rien sans y ajouter quelque grâce : les jouissances des sens, l'amitié, l'amour, qui font qu'il est bon d'exister, la gaîté et l'héroïsme, qui charment les maux et la mort, ce quelque chose d'insaisissable et d'exquis, l'art, qui met partout la joie et l'éclat, comme le soleil. Ce sont les fêtes de la vie. Certaines nations en ont moins besoin ; la nôtre ne s'en passe pas : elle a le don de mêler le solide et le léger, en sorte que l'un enlève l'autre. Je n'assurerai pas que dans le concours général tout est parfaitement solide, que les différents ouvrages ont la même valeur, que la gloire (il y en a de toutes les grandeurs) est exactement proportionnée aux mérites ; mais, en définitive, quelque chose reste : le travail, le profit de l'effort, peut-être une vocation qui se découvre à elle-même, et la résolution de se distinguer. Rien de cela n'est méprisable. Pardonnons donc, s'il y a à pardonner ; y eût-il là quelque illusion, elle est si bien placée à cet âge ! Si l'on tient absolument à placer la raison quelque part, on pourrait la placer dans la politique, et, en tout cas, nous la laisser à nous qui avons depuis longtemps l'âge de raison : mais, de grâce, qu'on ne mette pas la jeunesse française au pain sec !

(26 juillet 1879.)

FIN.

TABLE DES MATIÈRES

VERSAILLES. IMPRIMERIE CERF ET FILS, RUE DUPLESSIS, 59.